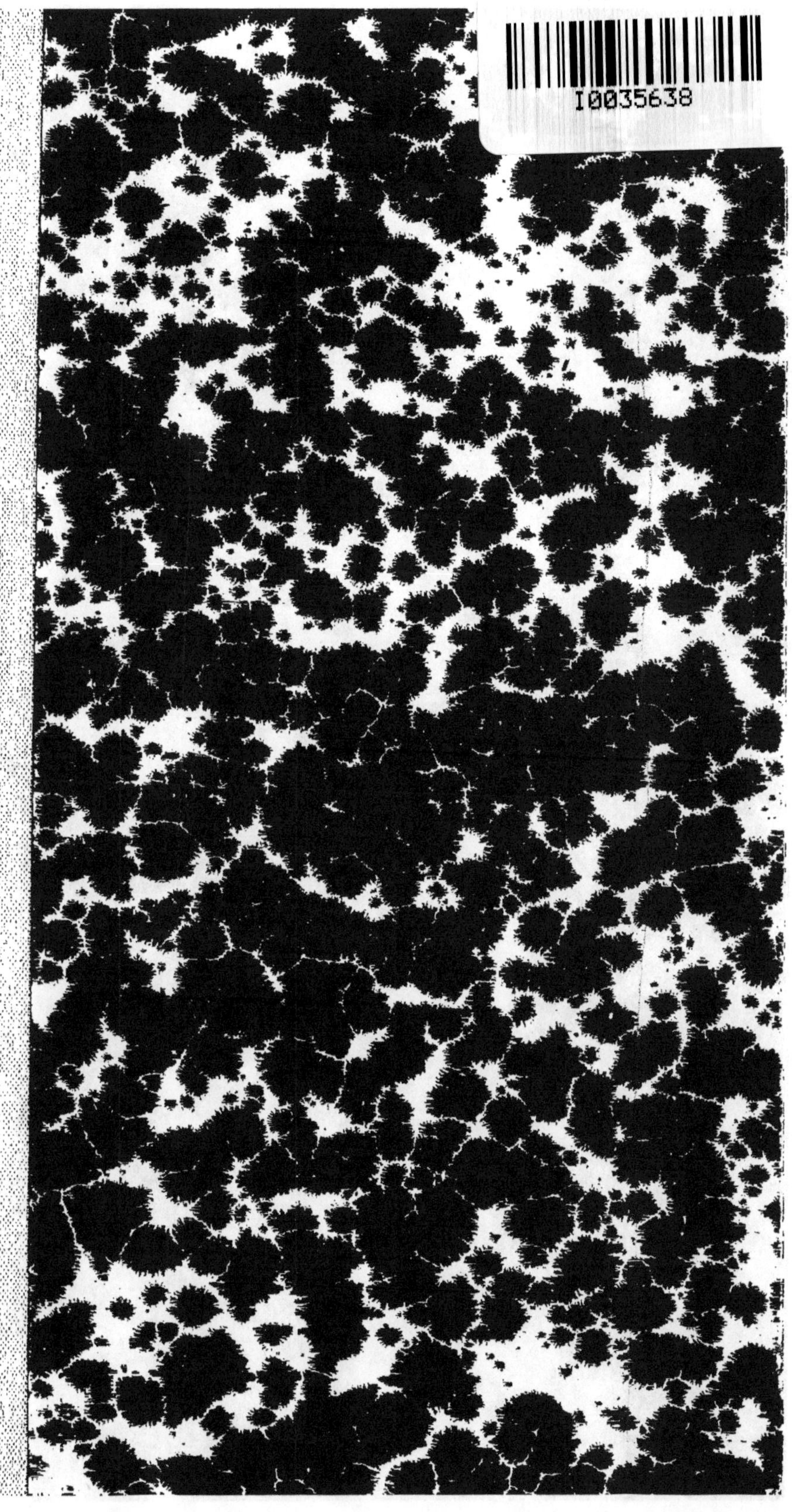

FACULTÉ DE DROIT DE L'UNIVERSITÉ DE BORDEAUX

DU ROLE

DES

Associations Professionnelles Ouvrières

ET DES

SYNDICATS AGRICOLES

DANS LES INSTITUTIONS DE PRÉVOYANCE

THÈSE POUR LE DOCTORAT

Soutenue devant la Faculté de Droit de l'Université de Bordeaux, le 8 Juin 1899, à 2 heures et demie du soir

PAR

J. DURANTHON

BORDEAUX
IMPRIMERIE NOUVELLE DEMACHY, PECH ET Cie
16 — rue Cabirol — 16

1899

FACULTÉ DE DROIT

DE

L'UNIVERSITÉ DE BORDEAUX

MM.

BAUDRY-LACANTINERIE, ✻, ✿ I., doyen, professeur de *Droit civil.*

SAIGNAT, ✿ I., assesseur du doyen, professeur de *Droit civil.*

BARCKHAUSEN, O. ✻, ✿ I., professeur de *Droit administratif.*

DE LOYNES, ✿ I., professeur de *Droit civil.*

VIGNEAUX, ✿ I., professeur d'*Histoire du Droit.*

LE COQ, ✻, ✿ I., professeur de *Procédure civile.*

LEVILLAIN, ✿ I., professeur de *Droit commercial.*

MARANDOUT, ✿ I., professeur de *Droit criminel.*

DESPAGNET, ✿ I., professeur de *Droit international public.*

MONNIER, ✿ I., professeur de *Droit romain.*

DUGUIT, ✿ I., professeur de *Droit constitutionnel et administratif.*

DE BOECK, ✿ A., professeur de *Droit romain.*

DIDIER, ✿ A., professeur de *Droit maritime* et de *Législation industrielle.*

SAUVAIRE-JOURDAN, agrégé, chargé des cours de *Législation et Économie coloniales* et d'*Économie politique* (Doctorat).

BENZACAR, agrégé, chargé du cours d'*Économie politique* (Licence).

MM.

SIGUIER, ✿ A., *secrétaire.*

PLATON, ✿ I., ancien élève de l'École des Hautes Études, *sous-bibliothécaire.*

CAZADE, *commis au Secrétariat.*

COMMISSION DE LA THÈSE

MM.

DIDIER, professeur, *président.*

SAUVAIRE-JOURDAN, agrégé. } *suffragants.*
BENZACAR, agrégé. }

INTRODUCTION

Bienfaisante à toutes les classes, l'association l'est surtout pour les ouvriers d'une même profession; elle est même pour eux une nécessité véritable. A la rigueur, un capitaliste peut se passer d'associés : sa fortune est une puissance. Que peut au contraire l'ouvrier isolé? N'est-il pas placé dans une infériorité flagrante pour la défense de ses intérêts? Mais, s'il est groupé avec des centaines et des milliers de ses camarades, il devient fort à son tour, et l'équilibre est rétabli; il peut alors travailler efficacement par lui-même à son ascension sociale et à l'amélioration de sa destinée.

Cependant cette vérité a longtemps été méconnue en France. Longtemps, en effet, notre législation est restée sous l'impression des abus produits par les corporations de l'ancien régime, et en dehors des sociétés ayant pour but de réaliser des bénéfices en argent à répartir entre les associés, sociétés civiles et sociétés de commerce, nos lois s'en sont tenues, jusqu'à une époque récente, aux fameuses dispositions des articles 291 et 292 du Code pénal qui prohibent les associations de plus de vingt personnes, et à celles de la loi des

14-17 juin 1791 qui défendait aux gens d'un même métier de s'associer entre eux pour discuter « sur leurs prétendus intérêts communs ».

Mais la force des choses a été plus puissante que la loi. Sous les gouvernements les plus autoritaires, une certaine tolérance s'est peu à peu introduite ; des associations de patrons et d'ouvriers, constituées pour étudier et défendre leurs intérêts collectifs, associations qui d'ailleurs n'avaient jamais complètement disparu, se sont multipliées sous les noms de Chambres syndicales et de Syndicats professionnels. Enfin la grande loi du 21 mars 1884 a fait un pas considérable ; elle a proclamé le droit, pour les personnes exerçant la même profession, des métiers similaires ou des professions connexes, de former librement, sans autorisation préalable du gouvernement, des associations ou syndicats professionnels ayant pour objet l'étude et la défense des intérêts économiques, industriels, commerciaux et agricoles.

Depuis cette époque, un mouvement syndical très marqué s'est produit en France, et ne cesse de se développer ; chaque année, de nouveaux syndicats sont créés et de nouveaux membres en font partie.

Cette association des individus, suivant leurs affinités professionnelles, est moins, à notre avis, une arme de combat qu'un instrument de progrès matériel, moral et intellectuel.

Sans doute, le but principal des syndicats ouvriers est et sera toujours la défense et l'avancement des intérêts du travailleur comme tel, mais ce but n'est pas le seul qu'ils doivent poursuivre.

En effet, à côté des besoins quotidiens de l'existence, les ouvriers n'ont-ils pas à songer aux besoins extraordinaires et imprévus que certains événements, la maladie, les accidents industriels, la vieillesse, la mort, pourront faire naître pour eux ou pour leurs familles, et les syndicats professionnels ne peuvent-ils et ne doivent-ils pas faire tous leurs efforts pour permettre à leurs membres de parer à ces maux ou tout au moins de les atténuer? Telles sont les diverses questions que nous nous proposons d'examiner, un triple point de vue historique, économique et social, dans le cours de cette modeste étude.

Il nous a paru intéressant, à l'heure où économistes et législateurs se préoccupent — d'ailleurs à très juste titre — des moyens à employer pour permettre aux ouvriers et aux petits cultivateurs de se mettre à l'abri des divers risques qui les menacent dans leurs moyens d'existence, il nous a paru intéressant, disons-nous, de montrer qu'en cette matière comme en bien d'autres les associations professionnelles sont susceptibles de rendre de très grands services.

Cette opinion, nous la fonderons, tout d'abord, sur les données de l'histoire. Chose remarquable, nous verrons, en effet, que les associations professionnelles que l'on rencontre en Grèce et à Rome dès les temps les plus reculés ont toutes, dans une certaine mesure, joué vis-à-vis de leurs membres le rôle d'institutions de prévoyance. Dans cet ordre de choses, sans doute, ni les hétaïries *grecques, ni les* collèges *romains, ne se sont élevés bien haut, leurs efforts s'étant à peu près bornés à fournir aux artisans le moyen de s'assurer une sépulture décente; mais il n'en est pas moins vrai que l'idée de prévoyance n'a pas été complètement étrangère à leur fonctionnement. Cette idée de prévoyance, nous la trouverons encore, quoique manifestée d'une façon très rudimentaire, dans les statuts des* ghildes *germaniques; nous la trouverons aussi, unie aux sentiments les plus admirables de la solidarité chrétienne, et déjà bien perfectionnée dans ses manifestations, dans les statuts des* corporations *et surtout des* confréries *de la vieille France; nous la trouverons enfin à la base même des* compagnonnages *qui survécurent aux prohibitions de la législation révolutionnaire, et des* sociétés *nouvelles formées dès le commencement de notre siècle, entre ouvriers de mêmes professions, en dépit des dispositions contraires contenues dans les articles 291 et 292 du Code pénal et dans la loi des 14-17 juin 1791.*

Ayant ainsi montré, l'histoire en main, que de tout temps la prévoyance a été, dans une mesure plus ou moins grande, l'un des objets des associations professionnelles, nous essaierons de prouver, en montrant les magnifiques résultats obtenus dans cet ordre de choses par les Trade Unions d'outre-Manche, que de nos jours plus que jamais nos syndicats professionnels peuvent et doivent même considérer l'amélioration du sort des travailleurs, grâce à la diffusion des institutions de prévoyance, comme un des buts essentiels de leur constitution.

PREMIÈRE PARTIE

L'Association professionnelle et la Prévoyance dans l'antiquité.

CHAPITRE I

LES ASSOCIATIONS PROFESSIONNELLES ET LA PRÉVOYANCE EN GRÈCE

L'origine des associations professionnelles semble se perdre dans la nuit des temps. On en trouverait déjà des traces chez les Hébreux dès le règne de Salomon (1), et d'après les documents que nous possédons, leur existence en Grèce nous paraît être à peu près certaine (2). Qu'on ne s'étonne pas, d'ailleurs, que nos syndicats professionnels puissent faire remonter leur lignée aussi loin dans l'histoire; l'idée d'association est trop conforme à la nature humaine, pour ne pas être née de bonne heure dans l'esprit des hommes libres, obligés pour vivre d'avoir recours au travail de leurs mains.

Il ne semble pas cependant que la Grèce contemporaine d'Homère et de ses héros ait connu les associations professionnelles. Dans ce bienheureux temps, il est vrai, le travail

(1) GRANIER DE CASSAGNAC. *Histoire des classes ouvrières et bourgeoises.*

(2) M. E. Caillemer, dans le *Dictionnaire des Antiquités grecques et romaines*, v° *Artifices*, pense au contraire que les artisans grecs n'étaient pas réunis en corporations.

manuel était en honneur, et les héros les plus illustres maniaient aussi bien l'outil de l'artisan que la lance du guerrier. On voyait Lycaon, un des fils de Priam, abattant sur les domaines de son père des arbres dans lesquels il taillait les roues de ses chars (*Iliade*, XXI, vers 37 et 38). C'était le régime patriarcal par excellence.

Il n'en fut pas toujours ainsi.

A une époque moins reculée et aussi moins mythologique, les mœurs changèrent complètement. Les nombre des esclaves s'accrut et avec lui le luxe. Le travail manuel fut progressivement délaissé par les hommes libres et méprisé par eux. Ce sentiment de réprobation, nous le retrouvons jusque dans les écrits des plus grands philosophes grecs. Socrate, Xénophon, Platon et Aristote sont unanimes à stigmatiser les hommes libres qui s'adonnent aux travaux manuels. « Ces individus, dit Aristote, sont destinés par la nature à l'esclavage. » Les deux seuls arts qui trouvent grâce devant eux sont l'art militaire et l'agriculture. Ces arts sont en effet étroitement unis ensemble, parce que l'agriculteur est seul bon soldat (1).

Dédaignés et méprisés de tous, ayant à lutter contre la concurrence désastreuse des esclaves, les artisans grecs cherchèrent dans l'association un remède à leurs maux; et c'est de ce sentiment de défense professionnelle que durent naître les *hétaïries* dont nous parle Gaïus (2). Mais à ce sentiment de défense professionnelle, vint bientôt se joindre un autre sentiment, celui de la prévoyance, et dès lors, le développement de ces associations s'accrut rapidement. Il arriva même

(1) Voyez ce que dit à ce sujet M. A. Espinas dans son *Histoire des doctrines économiques*, Ire partie, p. 21 et suiv.

(2) L. IV, D. XLVII, 22. « *Sodales sunt, qui ejusdem collegii sunt quam Græci* ἑταιρείαν *vocant...* »

bientôt que le caractère d'associations de prévoyance l'emporta et que les hétaïries se transformèrent presque entièrement en sociétés d'assistance mutuelle. Aussi n'est-ce guère que considérées sous ce dernier aspect que les auteurs en parlent. C'est ainsi que le célèbre helléniste Bœckh nous dit qu'on désignait aussi les *sunédries ou hétaïries* sous le nom d'*éranos* et les sociétaires sous celui d'*éranistes*. « Une sorte d'éranos, dit-il, avait pour but le soulagement des citoyens nécessiteux. Elle garantissait un secours réciproque, et l'on attendait de celui qui l'avait reçu qu'il contribuât à son tour, lorsque ses affaires seraient devenues meilleures (1). » M. Carl Wescher, de son côté, écrivait, en 1865, les lignes suivantes dans la *Revue archéologique* (2) : « Les particuliers, dans la démocratique Athènes, s'assurèrent de bonne heure un genre de secours indépendant de l'État, en contractant une Société qui s'appelait Éranos (3), du nom même de l'argent qu'elle rassemblait par cotisation. Ces contributions volontaires, accrues par des legs et par des dons particuliers, formaient une masse ou trésor commun administré par la Société ou par ceux qu'elle déléguait à cet effet. Ce trésor était une caisse d'assistance et de prévoyance mutuelles, destinée à fournir des avances aux membres nécessiteux, à leur procurer des secours en cas de maladie, à leur assurer les honneurs funèbres après leur mort (4). »

Dans ces éranos dont parle M. Wescher, il ne reste donc

(1) *Économie politique des Athéniens*, t. II, p. 400.

(2) *Revue archéologique*, 1865, II, p. 220.

(3) Ἔρανος, écot.

(4) Dans son ouvrage *Des Associations religieuses chez les Grecs*, M. Foucart combat cette manière de voir de M. Wescher. Pour lui, les éranes étaient plutôt des sociétés de crédit que des sociétés de secours mutuels, et l'éranos n'était qu'une dette dont le créancier cherchait à assurer le paiement soit en prenant hypothèque sur les biens du débiteur,

plus rien du caractère primitif d'associations professionnelles que les hétaïries devait avoir au début de leur fondation. Ce ne sont plus que des associations de prévoyance correspondant à nos modernes sociétés de secours mutuels. Comme elles, en effet, les éranos admettent au nombre de leurs sociétaires des individus de toutes professions; comme elles aussi, elles perçoivent une cotisation de leurs membres, et ceux-ci, en cas de maladie, bénéficient, en retour, des secours de la société; comme elles, enfin, elles assurent à leurs membres des funérailles décentes. Et cependant, si nous en croyons ce que nous dit le même auteur quelques lignes plus loin, la transformation ne fut pas aussi profonde dans toutes les hétaïries. Certaines conservèrent plus intacte leur forme première; leur but changea, il est vrai : d'associations de défense professionnelle, elles devinrent, elles aussi, presque entièrement des associations de prévoyance, mais leur caractère exclusive ment professionnel ne s'en conserva pas moins. « Plusieurs de ces sociétés, nous dit en effet M. Wescher, avaient pour but particulier d'aider leurs membres dans l'exercice d'une profession déterminée : elles formaient alors des corporations industrielles, commerciales, maritimes, qui rappellent par certains côtés nos anciens corps de métiers. »

Quoi qu'il en soit du caractère que l'on doit reconnaître à ces sociétés, elles restèrent toujours des sociétés privées.

soit en lui faisant fournir caution, et qui donnait aussi naissance à une action en justice.

De son côté, dans le *Dictionnaire des Antiquités grecques et romaines* (v° Ἔρανος, p. 807), M. Th. Reinach dit que dans l'étude de l'éranos civil il laisse de côté, à dessein, la théorie qui introduit dans cette institution l'idée de réciprocité, en d'autres termes qui considère l'éranos-prêt comme accessible aux seuls membres d'une société permanente de secours mutuels, parce que cette théorie repose sur une confusion entre l'éranos-prêt et l'éranos-société.

Créées par de simples particuliers, elles furent toujours administrées par eux. La liberté d'association était absolue; aussi l'autorité publique n'intervint jamais que pour empêcher ces sociétés de se donner des règlements contraires aux lois d'ordre général. C'est ce qui nous explique qu'à part une loi de Solon qui nous a été conservée par Gaïus (1), nous ne possédions que peu ou point de textes relatifs aux hétaïries grecques.

(1) L. IV, D. XLVII, 22. « *Sodales sunt qui ejusdem collegii sunt : quam Græci* ἑταιρείαν *vocant. His autem potestatem facit lex pactionem quam velint sibi ferre, dum ne quid ex publica lege corrumpant. Sed hæc lex videtur ex lege Solonis tralata esse. Nam illuc ita est :* ἐὰν δὲ δῆμος ἢ φράτορες ἢ ἱερῶν ὀργίων ἢ ναῦται ἢ σύσσιτοι ἢ ὁμόταφοι ἢ διασῶται ἢ ἐπὶ λείαν οἰχόμενοι ἢ εἰς ἐμπορίαν, ὅτι ἂν τούτων διαθῶνται πρὸς ἀλλήλους, κύριον εἶναι, ἐὰν μὴ ἀπαγορεύσῃ δημόσια γράμματα. »

CHAPITRE II

LES ASSOCIATIONS PROFESSIONNELLES ET LA PRÉVOYANCE A ROME

Les corporations furent soumises à Rome à bien des vicissitudes. En étudiant rapidement leur évolution, nous verrons que, créées par l'autorité royale qui y voyait un moyen de fusion entre les divers éléments dont se composait le peuple romain, les corporations furent successivement encouragées et proscrites par les pouvoirs publics, jusqu'au jour où, sous les successeurs de Trajan, elles devinrent obligatoires et ne furent plus qu'un des rouages de l'administration impériale. Curieuse destinée d'une institution fondée par les faibles et les déshérités de la fortune pour défendre leur indépendance, et qui finit par devenir pour eux, entre les mains du pouvoir impérial, un instrument d'oppression !

Si nous en croyons Plutarque (1), les corporations romaines remonteraient au règne de Numa Pompilius, qui pour faire cesser les divisions régnant entre Sabins et Romains, répartit les artisans en neuf classes suivant leurs métiers.

Les corporations ainsi créées prirent bientôt un tel développement qu'elles ne tardèrent pas à porter ombrage à Tarquin le Superbe qui les proscrivit.

Reconnus à nouveau par la loi des Douze Tables (2), les

(1) *Vie de Numa*, 17.
(2) GAÏUS, L. IV, D. XLVII, 22.

collèges jouirent désormais d'une liberté absolue. Ils purent rédiger à leur gré leurs statuts, « pourvu qu'il ne s'y trouvât rien de contraire à l'ordre public, — *dum ne quid ex publicâ lege corrumpant* », nous dit Gaïus (1). Grâce à cette liberté, les collèges se développèrent à nouveau. D'ailleurs, les mêmes raisons qui avaient mis les artisans grecs dans l'obligation de réunir leurs efforts pour la défense de leurs intérêts, devaient également pousser les artisans romains à s'associer. A Rome comme à Athènes, peut-être même plus encore qu'à Athènes, c'était le même accaparement du travail par les esclaves, le même mépris pour le travail manuel. Cela ne doit pas étonner, de la part d'un peuple qui a toujours aspiré à l'empire du monde.

... Tu regere imperio populos, Romane, memento !
Hæ tibi erunt artes !

« Gouverner, régir les autres peuples, Romain, ne l'oublie pas, voilà quels sont les arts dignes de toi ! », dit Virgile dans son beau langage (2).

De leur côté, Cicéron et Sénèque sont aussi hostiles au travail manuel que Platon et Aristote. « Tous les artisans exercent des professions viles ; — *Opifices omnes in sordida arte versantur* », dit Cicéron (3) ; et Sénèque déclare que l'invention des arts « appartient aux plus vils esclaves » (4).

Et cependant ces patriciens, qui écrasaient les artisans de leur mépris, n'avaient pas de paroles assez flatteuses pour les collèges au moment des élections. Ceux-ci, en effet, grâce au

(1) Gaïus, L. IV, D. XLVII, 22.
(2) *Enéide*, VI. vers 851.
(3) *De officiis*, II, 21.
(4) *Ep. ad Lucil.*, 90.

nombre de leurs membres, avaient une grande influence politique, et ils prirent même une part très active aux troubles qui éclatèrent à Rome vers la fin de la République. Ce fut la raison qui les fit supprimer à peu près complètement par Auguste.

A partir de ce moment, la liberté d'association n'exista plus. Pour fonder un collège il fallut y être autorisé « *ex senatusconsulti auctoritate, vel Cæsaris* » (1).

Redoutés par les empereurs et soumis par eux à une étroite surveillance, les collèges furent très peu nombreux au commencement de l'empire. Ils ne se développèrent vraiment que sous les successeurs de Trajan. A cette époque, en effet, le nombre des esclaves ayant beaucoup diminué par suite de la fin des conquêtes, et grâce aussi aux affranchissements tous les jours plus nombreux, une transformation profonde s'opéra dans les conditions du travail. « La rareté, dit Levasseur, et par suite la cherté des esclaves, rendirent leur travail plus coûteux; la classe libre dont les rangs étaient plus pressés à mesure que ceux de la classe servile s'éclaircissaient, put à son tour lui faire concurrence. De petites sociétés se formèrent de toutes parts au milieu de la société générale; partout s'organisèrent des groupes particuliers d'hommes unis par les mêmes intérêts, des confréries, des collèges, des *sodalitia*; et alors comme dans des temps postérieurs, l'esprit d'association naquit du relâchement même des liens sociaux (2). » De leur côté, les empereurs, n'ayant plus à redouter les collèges, cessèrent de les tenir en suspicion. Bien plus, à l'exemple de Numa, y voyant un moyen de cohésion entre les éléments si hétérogènes qui composaient la masse du peuple romain,

(1) Marcien, L. III, D. XLVII, 22.
(2) *Histoire des classes ouvrières*, t. I, p. 31.

ils favorisèrent les corporations d'artisans, et même avec Constantin ils en firent un corps nécessaire, « *necessarium corpus* », comme disent les lois spéciales, espérant ainsi arrêter la dissolution de l'empire. Dès lors, on peut dire, avec M. Levasseur, que « chacun a sa chaîne : le colon est asservi à la terre ; l'officier public à sa charge ; le curiale à sa cité ; le marchand à sa boutique, et l'ouvrier à sa corporation ; nul n'a le droit de se soustraire à sa fonction et de frustrer l'État du service que sa naissance, sa fortune ou son talent lui ont imposé. S'il y a encore quelque liberté, elle appartient non pas à l'homme, mais à l'association dont il est membre, et dans le cercle de laquelle il est le plus souvent enfermé sa vie entière » (1).

Voilà esquissée en quelques traits rapides l'évolution historique des associations professionnelles à Rome ; voyons maintenant si ces associations, qui ont eu une fortune si diverse et une carrière si agitée, se sont occupées de prévoyance et quel a été leur rôle en cette matière.

Avec nos idées modernes, nous sommes tentés de croire que les collèges d'artisans, qui, à bien des points de vue, ont rendu de grands services aux classes laborieuses de l'empire romain, étaient aussi des associations charitables, comparables par certains côtés à nos sociétés de secours mutuels. Cette opinion a été exprimée pour la première fois en 1843 par Mommsen sous forme de conjecture (2), puis plus tard par M. Duruy dans son *Histoire des Romains* (3).

(1) *Histoire des classes ouvrières*, t. I, p. 48.

(2) *De collegiis*, p. 91. « *Fuerit arca collegii quasi communi auxilio eorum collegarum, qui subsidio indigerent, parata et solitum refugium arborum pauperumque, quam ob rem legata ad pias causas antequam christiani imperatores melius iis prospicerent plerumque collegiis data et ab eorum magistris administrata esse arbitror.* »

(3) T. V, p. 158.

Aucun texte, cependant, ne nous permet d'établir que les collèges se regardaient comme institués pour soulager les misères de leurs membres. Nulle part, nous ne trouvons la preuve que, d'une manière régulière et permanente, ils venaient en aide à leurs membres malades ou indigents. Nulle part, non plus, nous ne trouvons trace de l'existence de fonds réservés à ces dépenses. Les collèges possédaient bien une caisse appelée *arca communis*, alimentée par les cotisations des membres, mais cet argent avait une affectation spéciale qui était déterminée par la loi et dont nous allons bientôt parler. Ils recueillaient aussi des libéralités nombreuses et parfois considérables, faites par des magistrats et des gens riches qui s'intéressaient à eux, en particulier par ceux qu'ils avaient choisis comme protecteurs, mais le produit de ces dons était employé, partie à l'entretien de la *schola* (1), partie aux frais du *culte* (2), et partie aussi aux banquets célébrés en mémoire du donateur ou en l'honneur de la divinité protectrice du collège.

Ces banquets d'ailleurs étaient dégénérés en véritables orgies... « L'air, dit Tertullien, est infecté des vapeurs qu'exhale la digestion de tant de tribus, de curies et de décuries... La fumée de la cuisine de Sérapis donne l'alarme aux gardes préposés pour les incendies. Il faudra des teneurs de livres pour supputer les frais des festins en l'honneur d'Hercule (3). » De son côté, Varron nous apprend que « les banquets des collèges dévoraient les récoltes et que la vie à Rome n'était plus qu'un festin continuel » (4).

(1) La *schola* était un local que possédait chaque collège et qui lui servait de lieu de réunion.
(2) Dans la schola il y avait un autel consacré au dieu protecteur du collège.
(3) *Apologet.*, 39.
(4) *De re rusticâ*, III, 2, 16.

Étant donnée la fréquence de ces banquets, on peut dire, il est vrai, que les libéralités faites aux collèges, à les prendre par leur résultat, « avaient souvent les mêmes effets que les secours qu'un homme charitable distribue aux malheureux. Ces festins éternels que le protecteur offrait aux associés devaient diminuer leurs dépenses particulières, ils y trouvaient autant de profit que de plaisir » (1).

Quoi qu'il en soit, si les documents que nous possédons ne nous permettent pas d'assimiler les collèges d'artisans à des associations de prévoyance, il est cependant un point sur lequel ils ont certainement devancé nos corporations du moyen âge et nos modernes sociétés de secours mutuels, c'est la question des funérailles.

Les funérailles, nul ne l'ignore, en effet, étaient pour les anciens, plus encore que pour nous, un acte religieux. Leur importance était considérable, car de l'observation des rites prescrits pour les sépultures dépendaient à leurs yeux le repos et le bonheur des morts dans l'autre vie. Aussi, rien n'est-il plus naturel que l'existence d'associations ayant spécialement pour but de se charger des funérailles, et ne devons-nous pas être étonnés que tous ou du moins presque tous les collèges professionnels aient pris accessoirement soin des funérailles de leurs membres.

Les collèges funéraires proprement dits, *collegia funeraticia* ou *socii columbariorum*, permettaient aux individus pauvres qui ne faisaient pas partie d'un collège professionnel de s'assurer une sépulture décente en se groupant pour supporter les frais d'un tombeau. Les collèges professionnels, de leur côté, exigeaient de leurs membres une cotisation

(1) Boissier, *la Religion romaine*, t. II, p. 333.

mensuelle (1), et en échange ils subvenaient à leurs funérailles. D'ailleurs, au dire de Waltzing, pour arriver à ce but, les uns et les autres avaient recours à l'un des trois moyens suivants : « A chaque décès, la caisse payait une prime funéraire appelée *funeraticium*, suffisante pour couvrir tous les frais; certains collèges se bornaient à couvrir une partie des dépenses; beaucoup enfin possédaient un monument ou un champ de sépulture commun dans lequel ils assignaient une place à chacun de leurs membres (2). » Enfin certains collèges professionnels se chargeaient des funérailles des femmes et des enfants des confrères.

Quoi qu'il en soit, les associations professionnelles à Rome ne sont pas allées plus loin; elles étaient peut-être dans la bonne voie pour devenir des sociétés de bienfaisance, mais elles ne le devinrent pas. Notre conclusion sera celle de M. Gaston Boissier : « Les associations romaines que nous connaissons jusqu'ici formaient des réunions destinées à rendre la vie plus facile et plus agréable aux pauvres gens; au moyen de contributions payées par tous, tous les mois, elles subvenaient à certaines dépenses extraordinaires, comme la sépulture de leurs membres, mais on peut dire qu'au moins d'une manière fixe et régulière, elles n'ont jamais été tout à fait des sociétés de secours mutuels... Dans cette voie de bienfaisance et d'humanité, où elles s'étaient avancées si loin, elles n'ont pas atteint le terme. Ce n'est pourtant pas que le temps leur ait manqué pour accomplir ces derniers progrès; si pendant ces deux siècles où elles ont été si florissantes, elles ne se sont pas avisées de se servir de leurs fonds, « pour donner du pain aux pauvres, élever les orphelins,

(1) Ce sont ces cotisations qui formaient l'*arca communis*.
(2) *Étude historique sur les corporations ouvrières*, t. II, p. 268.

» secourir les vieillards », c'est qu'il n'était pas dans leur nature de le faire. L'empereur Julien le constate lorsqu'il attribue le succès du christianisme au soin qu'il prend des étrangers et des pauvres, et qu'il recommande aux prêtres de sa religion de bâtir partout des hospices et de distribuer des secours aux mendiants de tous les cultes. C'est la preuve manifeste que les associations païennes ne le faisaient pas, et qu'elles s'étaient rapprochées de la charité sans l'atteindre (1). »

Cet esprit de solidarité et aussi d'indépendance qui manquait aux collèges romains, nous allons le trouver développé à un haut degré dans une institution importée en Gaule par l'invasion barbare; nous voulons parler de la *Ghilde* germanique.

(1) *La Religion romaine*, t. II, p. 342.

CHAPITRE III

LES GHILDES GERMANIQUES

Quelle que soit l'étymologie du mot *ghilde* et quelle que soit aussi l'origine de l'institution qui porte ce nom, on peut dire que la ghilde, du moins primitivement, était une association dont les membres « promettaient par serment de se défendre l'un l'autre et de s'entr'aider comme des frères » (1). Ces associations n'étaient, en somme, que de grandes familles artificielles, et leur but était beaucoup plus général que celui de nos associations modernes : « Tandis qu'aujourd'hui chaque association a un but nettement déterminé, au moyen âge, on embrassait un horizon beaucoup plus vaste et on unissait dans une même vue le principe religieux, moral, à l'assistance mutuelle dans tous les dangers ou les malheurs (2). »

Les ghildes se développèrent rapidement au milieu des peuples du Nord toujours agités, où chaque individu était obligé de chercher dans la puissance de l'association un secours et une protection que les pouvoirs publics étaient impuissants à assurer. Le nord de la France, la Flandre, l'Allemagne, l'Angleterre, le Danemark et la Suède connurent cette institution qui paraît être d'origine germanique et qui

(1) Augustin Thierry, *Considérations sur l'histoire de France*, ch. v.
(2) J. Drioux, *Étude économique et juridique sur les associations*, p. 137.

se transforma au gré des circonstances, des besoins de chaque époque et de chaque peuple.

L'étude de ces transformations successives, quelque intéressante qu'elle soit, ne nous arrêtera pas; nous essaierons seulement, en comparant la ghilde et le collège romain, de mettre en évidence l'élément nouveau qu'elle contient, et de montrer que les liens de solidarité, qui unissaient si étroitement à l'origine les membres d'une même ghilde, faisaient de celle-ci une véritable société de secours mutuels.

Comme les collèges romains, les ghildes avaient un caractère religieux; elles avaient au moins un patron dont elles prenaient le nom. Ce patron fut d'abord un dieu ou un héros; puis plus tard un saint dont le culte était plus spécialement répandu dans la contrée. Comme eux aussi, elles se chargeaient des funérailles de leurs membres et faisaient à leurs mânes des offrandes expiatoires. Comme dans les collèges, enfin, des banquets réunissaient les confrères à certaines époques, mais ces banquets avaient un tout autre caractère et une importance beaucoup plus grande, du moins à l'origine.

Réunis autour « du feu et de la chaudière du sacrifice », les membres de la ghilde buvaient à la ronde « la coupe de l'amitié » et se promettaient par serment une amitié fraternelle et indissoluble. Ce n'étaient pas là d'ailleurs de vaines paroles, et les statuts de la *Ghilde du roi Éric* qui nous ont été conservés nous montrent dans toute sa simplicité et aussi dans toute sa grandeur farouche la manière dont les Germains même convertis au christianisme entendaient la solidarité au XIIe siècle.

Voici, en effet, d'après M. Émile Laurent (1), les statuts réglementaires de cette ghilde :

« Ceci est la loi du banquet du Saint roi Éric de Ringstett, que les hommes d'âge et de piété ont trouvée jadis, pour l'avantage des convives de ce banquet, et ont établie pour qu'elle fût observée partout en vue de l'utilité et de la prospérité communes.

» Si un convive est tué par un non convive, et si des convives sont présents, qu'ils le vengent s'ils le peuvent; s'ils ne le peuvent, qu'ils fassent en sorte que le meurtrier paie l'amende de quarante marcs aux héritiers du mort, et que pas un des convives ne boive, ne mange, ni ne monte en navire avec lui, n'ait avec lui rien de commun, jusqu'à ce qu'il ait payé l'amende aux héritiers suivant la loi.

» Si un convive a tué un non convive, homme puissant, que les frères l'aident autant qu'ils pourront à sauver sa vie de tout danger. S'il est près de l'eau, qu'ils lui procurent une barque avec des rames, un vase à puiser de l'eau, un briquet et une hache. S'il a besoin d'un cheval, qu'ils le lui procurent et l'accompagnent jusqu'à la forêt...

» Si l'un des convives a quelque affaire périlleuse qui l'oblige d'aller en justice, tous le suivront, et quiconque ne viendra pas paiera en amende un sou d'argent.

» Si quelqu'un des confrères est mandé devant le roi ou l'évêque, que l'ancien convoque l'assemblée des frères et choisisse douze hommes de la fraternité qui se mettront en voyage, aux frais du banquet, avec celui qui aura été mandé, et lui prêteront secours selon leur pouvoir. Si l'un de ceux qui seront désignés refuse, il paiera un demi-marc d'argent...

(1) *Le Paupérisme et les institutions de prévoyance*, t. I, p. 178.

» Si quelqu'un des frères, contraint par la nécessité, s'est vengé d'une injure à lui faite, et a besoin d'aide dans la ville, pour la sauvegarde et la défense de ses membres et de sa vie, que douze des frères, nommés à cet effet, soient avec lui jour et nuit pour le défendre; et qu'ils le suivent en armes, de la maison à la place publique et de la place à la maison, aussi longtemps qu'il en sera besoin.

» En outre, les anciens du banquet ont décrété que si les biens de quelque frère sont confisqués par le roi ou par quelque autre prince, tous les frères auxquels il s'adressera, soit dans le royaume, soit hors du royaume, lui viendront en aide de cinq deniers.

» Si quelque frère, fait prisonnier, perd sa liberté, il recevra de chacun des convives trois deniers pour sa rançon.

» Si quelque convive a souffert du naufrage pour ses biens et n'en a rien pu sauver, il recevra trois deniers de chacun des frères.

» Le convive dont la maison, dans sa partie antérieure, c'est-à-dire la cuisine ou le poêle, ou bien le grenier avec les provisions, aura brûlé, recevra trois deniers de chacun de ses frères.

» Si quelque convive tombe malade, que les frères le visitent, et, s'il est nécessaire, qu'ils veillent près de lui. S'il vient à mourir, quatre frères nommés par l'ancien feront la veillée auprès de lui, et ceux qui auront veillé porteront le corps en terre, et tous les convives l'accompagneront et assisteront à la messe en chantant, et chacun, à la messe des morts, mettra un denier à l'offrande pour l'âme de son frère. »

Comme on le voit, toutes les assurances qui de nos jours sont l'objet des préoccupations des économistes et des législateurs étaient déjà connues et organisées d'une façon rudimentaire au XIIe siècle. Assurance contre la maladie, contre les accidents, contre l'incendie et le naufrage, secours aux confrères qui tombent dans le besoin, tout est prévu et dans des termes autrement expressifs que ceux employés dans les statuts de nos modernes sociétés de secours mutuels.

Ce n'est pas tout, d'ailleurs : les statuts réglementaires de la *Ghilde du bon roi Éric* vont plus loin encore. La mutualité qu'ils organisent ne se contente pas de prévoir le dommage que les confrères peuvent éprouver, et de le réparer autant que possible, elle venge aussi l'injure qui leur est faite en faisant subir à l'agresseur « la dure loi de la réciprocité »; elle assure aide et protection à celui de ses membres qui est traduit en justice; s'il vient à perdre sa liberté, elle lui fournit les moyens de payer sa rançon; elle va enfin jusqu'à procurer au confrère qui a commis un meurtre dans certaines circonstances données les moyens de « sauver sa vie de tout danger ». Aussi pouvons-nous dire avec M. Drioux que « les ghildes ne se composaient pas simplement d'hommes réunis par des principes de charité et désireux avant tout de se garantir des risques ordinaires de la vie »; mais qu' « on cherchait aussi dans la puissance de l'association une force qui suppléât à la faiblesse des pouvoirs publics » (1).

Peu à peu les ghildes, qui à l'origine « étaient sans limite d'aucun genre, se propageaient au loin et réunissaient toutes espèces de personnes, depuis le prince et le noble jusqu'au laboureur et à l'artisan libre » (2), devinrent locales et se recrutèrent plus spécialement parmi les gens d'une même condition. Elles portèrent ombrage aux pouvoirs politique et

(1) *Étude économique et juridique sur les associations*, p. 157.
(2) Augustin THIERRY, *Considérations sur l'histoire de France*, ch. v.

religieux, qui, les considérant comme des foyers de conspirations, les prohibèrent. C'est ainsi que, seules, les sociétés ayant pour but de faire des aumônes, de réparer les dommages causés par les incendies ou les naufrages, furent autorisées par Charlemagne, et encore à la condition expresse que les membres ne fussent pas liés par des serments.

Malgré ces prohibitions, les ghildes prirent une extension considérable, et le XIe siècle vit naître partout dans le Nord des ghildes de marchands et d'artisans. D'ailleurs le moment était venu où, sous l'influence de causes diverses, les artisans allaient se grouper dans toute la France pour la défense de leurs intérêts et former ces nombreuses corporations de métiers qui ne devaient être abolies qu'en 1791.

DEUXIÈME PARTIE

Les Associations professionnelles en France jusqu'en 1791.
Leur rôle dans les Institutions de prévoyance.

CHAPITRE I

ORIGINE DES CORPORATIONS DE MÉTIERS

Au XIe et au XIIe siècle, les invasions des Barbares ont pris fin ; l'activité renaît avec la confiance dans l'avenir. Les châteaux forts dont la France est parsemée deviennent avec les églises et les monastères le centre d'agglomérations urbaines dont quelques-unes prendront rapidement une grande importance. Dans les villes, l'industrie commence à se développer et les artisans libres, dont les rangs deviennent tous les jours plus nombreux, s'associent par corps de métiers pour sauvegarder leur indépendance et leurs intérêts professionnels.

Ne croyons pas, cependant, que l'on puisse assigner une date fixe à la naissance des corporations d'artisans en France. Comme dit M. Renouard (1), « les corporations n'y sont pas nées à un jour donné... La France les a reçues de son passé comme de la force des choses, de la tradition romaine comme de la tradition germanique ».

(1) *Traité des brevets d'invention*, p. 42 et suiv.

Et en effet la Gaule, après la conquête romaine, avait connu les collèges d'artisans et les avait vus prospérer. « La Gaule, dit Levasseur, puissante par son commerce et son industrie, était une des provinces où les classes ouvrières étaient le plus prospères et les associations professionnelles le plus nombreuses. Nous en avons la preuve dans les inscriptions des tombeaux qui nous ont conservé les noms et les professions d'artisans de tout genre... Ces artisans étaient presque tous membres d'un collège (1). »

Survinrent les invasions des Barbares. Dans la Gaule ravagée, il n'y eut plus ni commerce ni industrie, et les collèges d'artisans disparurent presque entièrement avec les derniers débris de l'organisation romaine. Quelques-uns cependant, comme par exemple la puissante corporation des nautes parisiens, survécurent longtemps encore.

D'ailleurs ces invasions, qui avaient couvert la Gaule de ruines, furent, on peut le dire, un des agents principaux de la régénération des associations professionnelles et contribuèrent pour une large part à leur développement en France.

L'esprit d'association était en effet, nous l'avons vu, très développé chez les peuples envahisseurs, et si on ne rencontre pas chez eux d'associations professionnelles proprement dites, cela tient à la place peu importante qu'occupaient les arts et l'industrie chez ces peuples guerriers. Par contre, les ghildes, véritables sociétés de secours mutuels, y étaient très nombreuses; et, nous l'avons montré, ces associations créaient entre leurs membres des liens autrement puissants que ceux qui unissaient à Rome les artisans d'un même collège. Les germes de cet esprit d'association unis aux sentiments de la solidarité la plus étendue pénétrèrent donc en France en

(1) *Histoire des classes ouvrières*. Livre I, ch. VI.

même temps que les Barbares, et s'y développèrent en se combinant avec les derniers vestiges des collèges romains. Et c'est, on peut le dire, de cette combinaison de l'élément romain et de l'élément germanique que sont nées, sous la poussée des besoins d'une industrie naissante, ces corporations de métiers qui occupent une si grande place dans toute l'histoire politique et économique de l'ancienne France.

Les corporations de métiers se rattachent donc à la fois aux collèges romains et aux ghildes germaniques; elles ont conservé la forme et le caractère d'associations professionnelles des uns et se sont inspirées des autres dans une certaine mesure pour la fondation d'œuvres de prévoyance. Mais les corps de métiers ne sont pas simplement des associations professionnelles qui jouent parfois pour leurs membres le rôle de sociétés de secours mutuels, ce sont aussi des corps privilégiés. C'est là, ne l'oublions pas, le caractère qui leur donne une physionomie originale et qui en fait une institution éminemment conforme aux idées et aux besoins du moyen âge. C'est là aussi la cause de leur prompt et considérable développement. « Le corps de métier, dit Levasseur, est une république jalouse qui possède le privilège exclusif d'exercer un métier, et qui poursuit impitoyablement quiconque veut contester ou partager sans son aveu ce privilège. C'est là le côté étroit de l'institution; mais c'est celui qui séduit le plus l'artisan, qui l'attache le plus fortement à ce corps par lequel il cesse d'être un homme du commun pour devenir une manière de privilégié. » Il faut, d'ailleurs, avouer aussi que cette protection exagérée dont la corporation entourait ses membres n'a pas été inutile à l'industrie naissante, encore faible et timide au milieu d'une société de privilèges et d'obstacles. »

Nous venons de montrer en quelques lignes rapides quels sont les éléments qui ont concouru à la formation et au développement des corporations en France, et nous avons parlé aussi de l'influence différente qu'avait eue chacun de ces éléments sur le caractère de cette institution. Pour faire une étude complète des corporations, il faudrait donc les considérer au triple point de vue : 1° d'associations professionnelles de défense; 2° de corps privilégiés; 3° d'associations de prévoyance; mais cette étude ne rentre pas dans notre cadre, le dernier de ces points de vue doit seul nous retenir.

CHAPITRE II

ÉVOLUTION HISTORIQUE DES CORPORATIONS

L'histoire des corporations comprend trois phases dis tinctes :

Après l'invasion des Barbares, les artisans, dont le nombre augmentait en même temps que les progrès de l'industrie, revendiquèrent le droit de s'associer pour la défense de leurs intérêts communs.

Ce fut la première phase de l'évolution des corps de métiers; elle fut caractérisée par de nombreux conflits.

A cette période de luttes, succéda une ère de calme et de paix relative, pendant laquelle les artisans, satisfaits d'avoir obtenu gain de cause, jouirent sagement et modérément du triomphe de leurs revendications. Ce fut la deuxième phase; elle fut de courte durée.

En effet, en même temps que s'accrut l'importance des corporations, les idées de monopole et d'exclusivisme se développèrent en elles. Elles devinrent des corps fermés et firent peser sur leurs membres la tyrannie la plus lourde.

Ce fut la troisième et dernière phase; elle ne devait finir que le jour où, pour mettre un terme à ces abus, le législateur révolutionnaire, par une réaction peut-être excessive, décréta l'abolition des maîtrises et des jurandes.

Entrons dans quelques détails.

Les corporations étaient à l'origine des associations libres, ouvertes à tous les artisans d'un même métier soucieux de la défense de leurs intérêts communs. Leurs membres étaient unis entre eux par les liens du serment (1). Elles s'établissaient, choisissaient leurs membres et votaient librement leurs statuts, qu'elles faisaient ensuite approuver par leurs seigneurs. « Les corporations d'artisans, dit Hubert Valleroux, ont été formées par la libre association des bourgeois d'un métier qui obtenaient un acte seigneurial donnant force de loi à leurs conventions (2). » Aussi chaque métier avait-il sa loi propre.

Les premières corporations dont nous voyons l'autorité royale approuver les règlements, sont celles qui au XIIIe siècle, sur l'invitation de saint Louis, firent inscrire leurs statuts sur le registre d'Estienne Boileau. Cette insertion authentique, nullement imposée par le grand roi, mais seulement accordée par lui aux corporations qui le voulaient, comblait leurs vœux en donnant à leurs statuts la force légale que les artisans recherchaient alors avec tant de sollicitude.

D'ailleurs, à l'origine, les règles prescrites par les chartes corporatives étaient sages et modérées; elles se bornaient à assurer la police du métier et la bonne confection des produits. Une d'entre elles cependant devait porter de mauvais fruits. « *Quiconques veut estre du mestier estre le puet franchement, pour qu'il sache fère le mestier et il est de coy.* » (Depping, 142.) Telle était la clause à l'aspect bien innocent contenue un peu partout dans le Registre des Mestiers, et qui devait permettre aux compagnies d'artisans de s'assurer le monopole du travail.

(1) Cette pratique du serment dans les corporations paraît être d'origine germanique. Nous avons vu en effet que les confrères d'une même ghilde étaient unis par le lien du serment.

(2) *Les Corporations de métiers et les syndicats professionnels*, p. 4.

En effet, soutenues par l'autorité royale, qui voyait tout d'abord en elles une arme contre la féodalité, puis plus tard un excellent instrument de fiscalité et de police, les corporations devinrent peu à peu des associations puissantes. Dès lors nous constatons chez elles une transformation profonde et nous avons quelque peine à reconnaître, dans ces corps de métiers oppressifs et jaloux de leur monopole, les corporations d'artisans qui luttaient autrefois contre la féodalité pour sauvegarder l'indépendance de leurs membres. « Nous les voyons, dit Hubert Valleroux, avec un caractère tout opposé, bien que leur forme soit à l'extérieur la même; elles ont le monopole du travail dans une branche de l'industrie, sont fermées, exclusives; mais en cet état même, elles ont encore des vertus (1). »

La corporation, en effet, présentait, indépendamment de son caractère professionnel, un caractère religieux, moral et philanthropique. Elle était profondément pénétrée de l'esprit chrétien, ce qui n'a pas peu contribué à développer en elle le sentiment de la solidarité, héritage des vieilles ghildes germaniques. C'est ce sentiment uni à celui de la charité chrétienne la plus admirable qui, lorsque les corporations furent devenues exclusives, tempéra en elles « l'orgueil et la dureté, suites inévitables de leur puissance » (2), et en fit une institution essentiellement humanitaire.

« La fraternité, dit Louis Blanc, fut le sentiment qui présida dans l'origine à la formation des communautés de marchands et d'artisans, régulièrement constituées sous le règne de saint Louis. L'esprit de charité avait pénétré au fond de cette société naïve qui voyait saint Louis venir s'asseoir à

(1) *Les Corporations de métiers et les syndicats professionnels*, préf., p. VII.
(2) Id., p. XII.

côté d'Étienne Boileau quand le prévôt des marchands rendait la justice. Sans doute on ne connaissait point alors cette fébrile ardeur du gain qui enfante quelquefois des prodiges, et l'industrie n'avait point cet éclat, cette puissance qui aujourd'hui éblouissent; mais du moins la vie du travailleur n'était pas troublée par d'amères jalousies, par le besoin de haïr son semblable, par l'impitoyable désir de le ruiner en le dépassant. Quelle union touchante au contraire entre les artisans d'une même industrie! Loin de se fuir, ils se rapprochaient l'un de l'autre pour se donner des encouragements réciproques et se rendre de mutuels services (1). »

« *Vincit concordia fratrum* », telle était la belle devise des six corps de marchands de la ville de Paris.

« Cette solidarité entre membres d'une même corporation se manifestait de bien des manières, et à chaque instant, en feuilletant les documents relatifs aux corps de métiers, nous trouvons la trace vivante de ces rapports d'intime confraternité, de cette réciprocité constante de bons offices, de cette charité et de cette bienveillance pratiques, auxquels ont trop souvent succédé parmi nous l'esprit d'égoïsme et d'individualisme, l'isolement du travailleur, la lutte âpre et la rivalité haineuse (2). »

Au point de vue moral, comme au point de vue matériel, c'était une surveillance réciproque et continue de l'association sur ses membres. Apprentis, compagnons et maîtres, tous faisait partie d'une même famille, « la famille professionnelle » (Louis Blanc), et tous devaient avoir à cœur de la voir prospère et honorée.

L'apprenti entrait dans le métier sous la foi du serment;

(1) *Histoire de la Révolution française*, t. I, p. 478.
(2) Émile LAURENT, *le Paupérisme et les institutions de prévoyance*, t. I, p. 478.

la famille de son maître était désormais pour lui sa famille adoptive; il jurait d'en sauvegarder l'honneur et les intérêts. Aussi devait-il être et rester probe et honnête. Le maître, de son côté, ne s'engageait pas seulement à apprendre le métier à son apprenti, il devait aussi prendre soin de lui comme de son propre fils, veiller sur ses mœurs et la pratique de ses devoirs religieux. Pour être reçu maître, il fallait avoir une réputation intacte, être, comme disent les statuts des bouchers, « de bonne vie, conversation, et sans note de répréhension » (1); et l'admission une fois prononcée, « la prison, la perte du métier, le bannissement, étaient appliqués dans les cas d'infraction aux lois de la morale : par exemple dans ceux de calomnie contre un confrère, d'adultère, de séduction » (2).

La responsabilité du maître s'étendait jusqu'aux actions de ses subordonnés et même, dans certaines professions, jusqu'aux actes des étrangers qu'il recevait dans sa maison (3). Il ne pouvait, comme disent les statuts des Tessiers de Bordeaux, « entretenir ne donner à besongner à aucuns compagnons, qui soyent de vie deshonneste, comme paillards, joueurs, pippeurs, hasardeux, ou d'autre vie dissolue, ny aussi qui eussent pourchassé vilenie, ou déshonneur dans la maison d'aucun des maistres où ils avaient demeuré »; et il « payait une amende, quand il avait souffert dans l'atelier une action répréhensible. Il y avait solidarité dans la morale » (4).

(1) Delamare, *Traité de la police*, t. II, p. 1223.

(2) Émile Laurent, *le Paupérisme et les institutions de prévoyance*, t. I, p. 201.

(3) Id., id.

(4) C'est ainsi que les statuts des hôteliers et cabaretiers de Bordeaux disaient : « Ne pourront les maistres dudit métier... souffrir blasphèmes,

D'ailleurs, la solidarité qui existait au point de vue moral entre membres d'une même corporation, se manifestait aussi dans le soulagement des infortunes. L'artisan malade ou malheureux n'était point délaissé, comme il arrive trop souvent de nos jours; il trouvait auprès de ses confrères l'aide et le secours dont il avait besoin (1). « Que le tiers des amendes qui seront levées, afférans à la portion des maistres dudit mestier, disent les statuts des cuisiniers dans le Registre d'Estienne Boileau, soient pour soustenir les pôvres vieilles gens dudit mestier qui seront décheuz par fait de marchandise ou de vieilleuce (2). »

Les statuts des cuisiniers sont les seuls, il est vrai, dans le Registre des Métiers, qui contiennent une telle disposition.

scandales ni autrement dans leurs maisons, aux peines contenues esdites ordonnances envers la compagnie. »

(1) On trouve aussi cet esprit de solidarité développé à un haut degré dans les corporations romaines du XIVe siècle. Voici, en effet, ce que dit à ce sujet M. Rodocanachi dans son bel ouvrage *les Corporations ouvrières à Rome depuis la chute de l'Empire romain*, t. I, p. XCV : « Des liens étroits de solidarité animaient et unissaient tous les membres d'une même corporation. Ce souci éclate surtout dans les prescriptions que contiennent, sans exception, tous les règlements statutaires touchant les secours à donner aux malades, aux malheureux et aux prisonniers eux-mêmes. Il existait des officiers spéciaux voués à ce ministère; parfois même, le consul était chargé d'aller porter en personne des consolations aux membres malheureux. Les prisonniers, s'ils n'avaient commis ni assassinat, ni vol, ni action infamante, avaient droit à des secours et à l'appui de la corporation.

» Dans un petit nombre de corporations même, on accordait des pensions aux membres tombés dans la misère; les pharmaciens allouaient trois ducats par mois aux anciens patrons, et cinquante baiocchi (le baiocco équivaudrait à 11 ou 13 centimes de notre monnaie actuelle) aux veuves et aux orphelins. Les charcutiers, sans se montrer si généreux, s'efforçaient néanmoins de ne pas laisser dans l'absolue misère leurs collègues malchanceux; les écrivains recommandaient aux membres riches de ne pas manquer de venir en aide à ceux que la fortune n'avait pas favorisés. »

(2) DEPPING, *le Livre des Métiers d'Étienne Boileau*, p. 177.

Il est certain, cependant, que dès le XIIIe siècle, presque toutes les corporations s'inspiraient du même principe.

C'est d'ailleurs vers cette époque que nous voyons apparaître à côté des corps de métiers une institution qui en fut désormais, pour ainsi dire, l'annexe indispensable et dont le but était plus spécialement religieux et charitable; nous voulons parler des confréries, déjà nombreuses au XIIIe siècle dans le Midi, où elles précédèrent même les corporations, et qui se généralisèrent dans le Nord au siècle suivant (1).

(1) A Montpellier, par exemple, « chaque corporation, nous dit M. Martin Saint-Léon, avait deux centres ordinaires, consistant en une chapelle et un bureau. Dans la chapelle avaient lieu les cérémonies et les prières communes; dans le bureau se discutaient les intérêts communs et se distribuaient les secours aux nécessiteux ». La confrérie s'appelait *la Caritat*.

CHAPITRE III

LES CONFRÉRIES

« La confrérie, dit Hubert Valleroux, est rare au XIIIe siècle, fréquente au XIVe; au XVe siècle, il n'y a pas une corporation qui n'ait sa confrérie » (1); c'est une association distincte de la corporation, quoique le plus souvent composée des mêmes éléments (2). « Parfois, dit encore le même auteur, plusieurs corporations ne forment qu'une confrérie, ou à l'inverse les membres d'une corporation se divisent, comme firent quelque temps les orfèvres de Paris, en plusieurs confréries. Mais ces divisions sont rares, et les points de confusion sont fréquents. »

La confrérie nous apparaît à la fois comme une association pieuse et comme une société de secours mutuels. Étudions-la donc successivement à ce double point de vue.

(1) Hubert VALLEROUX, *les Corporations et les syndicats professionnels*, p. 67.

(2) « La confrérie proprement dite et considérée comme une association distincte du métier remonte à une haute antiquité. Certaines ghildes saxonnes étaient de véritables confréries; en France, ces associations sont contemporaines de l'établissement du christianisme, et les Capitulaires de Charlemagne en font déjà mention; mais il faut arriver au XIIe siècle pour rencontrer des confréries de métiers. » (Martin SAINT-LÉON, *Histoire des corporations de métiers*, p. 159.)

SECTION I

LES CONFRÉRIES SONT DES ASSOCIATIONS PIEUSES

C'est avec quelque étonnement que les hommes de nos jours considèrent la confrérie du moyen âge, « cette forme religieuse de la corporation », comme on a dit avec tant de justesse. Habitués comme ils le sont, à voir une distinction bien marquée et chaque jour plus grande, entre les institutions de l'ordre civil et ce qui est religieux, ils ont quelque peine à concevoir que la religion pût tenir une place aussi considérable dans l'organisation des corps de métiers. Et cependant rien n'est plus naturel et plus conforme au génie d'une époque où tout avait un cachet religieux.

Les hommes du moyen âge, en effet, étaient profondément imbus de la foi chrétienne; ils pensaient que la fin de l'État comme de l'individu était de préparer sur la terre la cité de Dieu, ce royaume idéal où d'après saint Augustin toutes les âmes se réunissent dans l'éternelle paix et dans la contemplation du Verbe éternel. Aussi ne croyaient-ils pas, comme on affecte de le faire à notre époque, que la religion dût être reléguée dans la vie privée des particuliers. Pour eux, au contraire, elle était le fondement nécessaire des institutions publiques comme de la conduite des individus; elle devait servir de base à la constitution politique de la nation et à l'organisation des métiers, aussi bien que de règle à la vie intime de chacun.

Nous trouvons ces sentiments admirablement exprimés dans un article des statuts des Maîtres Boutonniers, bonnetiers et Garnisseurs de chapeaux de Bordeaux, article que nous reproduisons en note (1).

(1) « Et parce que, dit cet article, tous bons chrétiens doivent mettre toute leur espérance en Dieu, et luy vouer toutes leurs œuvres pour être prévenus

Quoi d'étonnant, après cela, que les artisans d'un même métier aient été amenés à fonder ces associations pieuses que nous connaissons sous le nom de confréries? N'était-il pas naturel que des hommes déjà membres d'une même corporation, ou du moins unis entre eux par la similitude des occupations et des intérêts, se réunissent pour prier en commun et demander à Dieu de bénir leurs travaux (1); et étant données les mœurs du temps, pouvons-nous être surpris de trouver à côté de l'association civile, dont le but était d'assurer à ses membres la prospérité matérielle, une

par sa bénédiction et accompagnez de sa faveur, afin que toutes leurs intentions et actions prennent leur commencement de Dieu, et se finissent par luy, et à son honneur et gloire, et au salut des âmes chrétiennes; particulièrement ores et pour l'avenir à perpétuité, tant en prières, oraisons, qu'actions de grâces de tous les bénéfices que Dieu a fait et faira par sa grâce, bénissant les labeurs à tous les Maistres dudit art, Dieu soit honoré, servy et révéré, non seulement par chacun d'eux en leurs particulières dévotions, prières et oraisons, mais encore, en général; et tous ensemble convoquer et assembler à cet effet dans une chapelle : a été ordonné, que châcun dimanche désormais et à perpétuité, heure de sept heures du matin, les Bayles des maistres dudit art feront dire et célébrer une Messe haute, avec Diacre et Sous-Diacre, dans le couvent des Carmes, et chapelle de Nôtre-Dame de Lorette, fondée en iceluy, pour tous unanimement remercier Dieu de tous les bénéfices reçûs, tant en général qu'en particulier, et l'invoquer par l'intercession de la glorieuse Vierge Marie, et de tous les saints et saintes de Paredis, en ce qu'il luy plaise pour la mort et passion de son Fils Jésus-Christ Nôtre Seigneur, leur pardonner leurs fautes et pechez et par son Saint Esprit conduire et gouverner son Eglise; l'Etat de son royaume; conserver la personne du Roy, luy augmenter ses grâces en la foy de son Eglise, catholique, apostolique et romaine, et particulièremant lesdits Maistres dudit art, qu'il plaise à Dieu bénir leur famille en augmentation de ses grâces, tant spirituelles que temporelles, leur donner telle bonne et heureuse fin qu'il connoîtra leur être nécessaire à son honneur et gloire, et au salut de leurs âmes. » (*Statuts de Bordeaux*, p. 468.)

(1) C'est ainsi que dans son *Traité de la police* (liv. V, t. I), Delamare nous dit que le premier soin des riches citoyens de Paris qui en 1170 s'associèrent pour le commerce par eau, fut « de fonder une confrérie en l'église du couvent de Hautes-Brières, pour attirer la bénédiction du ciel sur leur commerce ».

association religieuse unissant les mêmes hommes et qui avait plus spécialement en vue leurs intérêts religieux et moraux?

La confrérie nous apparaît donc tout d'abord comme une association religieuse, et même, si nous pouvons nous exprimer ainsi, comme une véritable association mutuelle de prières. « Elle s'inquiétait du bonheur de ses membres, implorait pour eux dans le danger l'assistance divine, ordonnait des prières et des messes pour le salut de leur âme, de celle de leurs parents et de leurs bienfaiteurs... » (1).

Chaque confrérie entretenait une chapelle dans l'église désignée par ses statuts. Cette chapelle était ordinairement dédiée au saint que la confrérie avait choisi pour patron, et à certaines époques, maîtres et compagnons devaient, à peine d'amende, assister aux messes qui y étaient dites. Ils devaient aussi, à certaines fêtes, et notamment le jour de la fête patronale, se confesser et communier ensemble, « afin que ce céleste pain des anges, qui est pain de concorde et union, les liât tellement ensemble que pour chose qu'il fût, ils ne pussent être séparez ».

C'est ainsi, par exemple, que les menuisiers de Bordeaux se réunissaient dans l'église du couvent de Notre-Dame des Carmes et y entretenaient l'autel de « Madame Sancte Barbe », patronne de leur confrérie. Chaque dimanche, ils devaient y faire célébrer une messe basse, et le jour de leur fête patronale une messe haute avec Diacre et Sous-Diacre. C'est ainsi, de même, que les statuts de la confrérie des bonnetiers prescrivaient aux confrères de se confesser et communier les quatre fêtes annuelles, à savoir : les jours de Noël, de l'Ascension, de la Pentecôte, de la Toussaint, et « ensemble le jour de la confrairie ».

(1) Levasseur, *Histoire des classes ouvrières*, t. I, p. 468.

Voici en effet un extrait des statuts de ces deux confréries :

Statuts des Menuisiers.

« Et premièrement és estat ordennat que les mestres Menuseys et compaignons Menuseys, confraires de ladeita confrairia, faran dire cascun Dimenche une Messe basse à l'Autar de Madame Sancte Barbe, en la Gleise deudit Conbent. Et cascun mestre deudeit mestey sera tingud de pagar cascun dimenche au Bourcey de ladeita confrairia un ardit : et cascun compaignon deudeit mestey, dus deneys tournès.

» Item seran tinguds lousdeits confrais, de far dire en ladeita Gleise et devant loudeit Autar de Madame Sancte Barbe per lous Religioux deudeit Conbent Vespres hautes à Note, la vespre de ladeita Festa et lou jour de ladeita Festa une Messe haute, à Diacre et Sos Diacre. A la quau Messe tots lous confrais deudeit Mestey seran tinguds de offrey un deney bourdalès, et esta presens à ladeita Messe d'au commencement en troque à la fin, sur la pena de seys ardits cascun leuadours per lou Bourcey de ladeita Confrairia, au proffit et utilitat d'aquere, et aissi medis à las Vespres deudeit jour. Aus quaux Offices loudeit Bourcey sera tingud fournir encens et paille aux despens de ladeita Confrairia, et ornar l'Autar et capelle de Madame Sancte Barbe. »

. . . .

Statuts de la Confrairie des Bonnetiers.

« Seront tenus les dits Confraires se confesser et communier les quatre fêtes annuelles : c'est à sçavoir, à Noël, Ascension, Pentecôte, et le jour de la Toussaints, ensemble le jour de la Confrairie, *afin que ce céleste pain des anges, qui est pain de concorde et union, les lie tellement ensemble que pour chose qu'il soit, ils ne puissent être séparez.* »

. . . .

Les statuts des confréries contenaient aussi les prescriptions les plus minutieuses sur les honneurs à rendre à la dépouille mortelle des confrères qui « allaient de vie à trépas », et sur les messes à faire dire pour le repos de leurs âmes.

« Item a été ordonné, disent les statuts des Chapeliers de Bordeaux, que si aucun Maistre ou Compagnon va de vie à trépas, la Frairie sera tenüe de luy faire dire une messe haute le jour de la sépulture aux dépens de la boëtte, à l'honneur de Dieu, et pour le salut des âmes des défunts de ladite Confrairie.

» Aussi seront tenus lesdits Maistres et Compagnons dudit métier, conduire le corps du défunt à l'église, à la peine d'une livre de cire contre le Maistre qui sera défaillant, et demy livre de cire contre le Compagnon qui défaudra, applicables au luminaire de ladite Confrairie, sinon qu'ils ayent bonne et suffisante excuse.

. . . .

» Item est ordonné que si aucun Confraire de ladite Confrairie décède, s'il est Maistre, quatre Maistres dudit métier seront tenus porter le corps à l'église et s'il est Compagnon, le corps sera porté par quatre Compagnons dudit métier. »

Chaque année enfin, à une date également fixée par les statuts, tous les confrères devaient assister à une messe de *Requiem* qui était dite dans la chapelle de la confrérie pour le salut des âmes des confrères trépassés; c'était ce que l'on appelait « célébrer un anniversaire ». Les statuts des menuisiers de Bordeaux, dont nous avons déjà cité un extrait, contenaient à ce sujet la disposition suivante :

« Item, aux despens de ladeita Confrairia sera dict et celebrar audeit Conbent cascun an au lendeman de ladeita Festa (1), un anniuersari per las armes daus trespassats, et expressément daus confrais de ladeita confrairia. Ausquaus anniuersaris lousdeits confrais seran tinguds de se trobar presens d'au commencement

(1) La Sainte Barbe.

jusques à la fin, sur la medisse pene de seys ardits cascun qui défaudra, sinon que age d'esencuze légitime et raisonnable. »

N'était-ce pas là vraiment un spectacle admirable? Et ces artisans du moyen âge, qui, unis par un même sentiment de foi chrétienne, se plaçaient sous le patronage d'un même Saint pour demander à Dieu les uns pour les autres le bien moral et matériel pendant la vie et le bonheur éternel après la mort, ne pratiquaient-ils pas une véritable et bien touchante mutualité?

SECTION II

LA CONFRÉRIE EST UNE SOCIÉTÉ DE SECOURS MUTUELS

Qu'on ne pense pas, cependant, que la confrérie fût uniquement une institution mystique, n'ayant d'autre but que d'attirer sur ses membres les bénédictions du ciel; elle était aussi, nous l'avons dit et nous allons maintenant le montrer, une véritable société professionnelle de secours mutuels.

La confrérie, en effet, comme les sociétés de secours mutuels modernes, avait des ressources qu'elle consacrait, sinon entièrement au moins en partie (1), au soulagement de ses membres atteints par l'infortune. Ces ressources lui étaient en général fournies par la corporation qui versait dans « la boîte » de la confrérie les amendes encourues par

(1) C'était en effet sur la caisse de la confrérie qu'était prélevé l'argent nécessaire à l'entretien de la chapelle, au luminaire et à la rétribution des desservants.

ses membres et quelques autres produits (1). Elles provenaient aussi des amendes payées par les confrères qui avaient contrevenu aux prescriptions portées dans les statuts de la confrérie; déjà même au xive siècle la caisse de quelques-unes était alimentée par les cotisations de leurs membres. « On est surpris, dit Hubert Valleroux, de trouver à Paris dès ce temps une vraie société de secours mutuels toute semblable à celles de nos jours : la confrérie des corroyeurs de robe de vair (fourrure), qui exigeait de ses membres des cotisations régulières et un droit d'entrée (2) »; et ce qui n'est qu'une exception au xive siècle va se généraliser au xve pour devenir la règle par la suite, de telle sorte qu'au xvie siècle, la très grande majorité des confréries percevra un droit d'entrée sur chacun de ses membres et exigera d'eux des cotisations périodiques.

Les droits d'entrée et les cotisations variaient d'ailleurs sensiblement suivant le grade des membres, la richesse ou

(1) M. Valleroux cite, en note de son ouvrage *les Corporations et les syndicats*, p. 67, un touchant usage inscrit au Registre des Métiers. Quelques métiers étaient, par exception, autorisés à travailler le dimanche dans les cas pressés. Mais alors, nous disent les Statuts des Orfèvres, l'argent ainsi gagné doit être mis dans la boîte de la corporation. Il n'est point permis de le garder pour soi.

(2) *Les Corporations de métiers et les syndicats professionnels*, p. 69.
Voici, d'après M. Martin Saint-Léon, quelques détails sur l'organisation de cette société. Chaque membre payait 10 sous 6 deniers d'entrée, plus 1 denier par semaine. Moyennant ces redevances, chaque associé recevait en cas de maladie 3 sous par semaine, tant que durait l'incapacité de travail ; 3 sous pour la semaine qui suivait la convalescence et 3 sous une fois guéri; ces secours, limités aux cas de maladie et d'infirmité, n'étaient pas alloués en cas de blessure. Tout corroyeur qui cessait de payer sa cotisation pendant plus de six semaines était déchu du bénéfice des statuts. Enfin, la gestion des deniers sociaux était confiée à six des confrères qui devaient en rendre compte une fois par an au commun des métiers. (Voir *Histoire des corporations des métiers, depuis leur origine jusqu'à leur suppression en 1791*.)

les exigences du corps. « L'apprenti boursier à Amiens, nous dit M. Laurent, donnait 5 sous de droit d'entrée; l'apprenti hucher, 3 sous. Les compagnons étrangers qui venaient travailler dans la ville devaient commencer par payer les uns une journée de travail, les autres 12 deniers. Les maîtres en s'établissant devaient faire un don qui n'était que de 4 sous pour les savetiers d'Amiens, mais qui ailleurs s'élevait à 4 livres. La cotisation était tantôt de 1 sou ou 2 par an, tantôt de 2 ou 3 deniers par semaine. »

Ces ressources d'origine diverse, la plupart des confréries les employaient donc, en partie, à secourir leurs membres pauvres et malades; mais elles ne le faisaient pas toutes de la même manière. Les secours qu'elles leur donnaient affectaient souvent des formes différentes. « Tantôt on les soignait chez eux, tantôt la corporation entretenait dans un hôpital un certain nombre de lits, ou bien encore, lorsqu'elle le pouvait, elle possédait, comme les orfèvres de Paris, quelques chambres situées dans la maison commune et dont elle cédait l'usage à de « pauvres gens du métier déchus pour fait de maladie et de vieillesse » (1). Tantôt « on leur allouait des secours mensuels, ou bien on les aidait d'autre sorte en faisant, à ceux qui étaient encore dans le métier, des prêts sans intérêts, ou encore on payait l'apprentissage du fils d'un confrère mort pauvre... ». Tantôt enfin, comme dans la corporation des imprimeurs en taille douce de Paris, lorsqu'un ouvrier tombait malade, ses camarades faisaient circuler une feuille constatant son incapacité de travailler, et sur la présentation de cette feuille, chaque membre donnait cinquante centimes (2).

(1) Hubert VALLEROUX, ouvrage cité, p. 68. Le même auteur nous dit quelques pages plus loin que ces chambres étaient au nombre de vingt-cinq.
(2) LAURENT, ouvrage cité, t. I, p. 202.

Nous remarquerons cependant qu'à partir de la seconde moitié du xve siècle les secours fournis par les confréries eurent une uniformité plus grande et que, comme de nos jours, ils consistèrent le plus souvent en une allocation périodique dont l'importance varia avec la richesse de la corporation.

Consultons plutôt les textes spéciaux eux-mêmes; ouvrons par exemple le *Recueil des Statuts de Bordeaux* (1), une des villes classiques des corporations et confréries et qui nous intéresse plus spécialement. Non seulement nous y trouverons la confirmation de ce que nous venons de dire, mais même nous devrons reconnaître que la plupart de ces textes pourraient avantageusement servir de modèles à ceux de nos syndicats professionnels qui, usant de la faculté à eux donnée par l'article 6, § 4, de la loi du 21 mars 1884, voudraient s'adjoindre une société de secours mutuels.

Et d'abord, voici le principe d'assistance mutuelle tel qu'il est formulé dans le titre général des Métiers :

« Si un compagnon étranger d'aucun métier était venu en ladite ville, pour besoigner, et était dépourvû tellement, qu'il ne peut trouver Maistre ou besoigne, seront tenus les Maistres des métiers, chacun en son endroit, luy bailler à besoigner par l'espace de huit jours, pour le secourir à gaigner sa vie.

» Semblablement si aucun Maistre d'aucun métier tombait en maladie, langueur ou nécessité telle, qu'il ne peut gaigner sa vie, sans vice toutefois de sa personne, et n'eut bien pour soy alimenter et nourrir, les autres Maistres lui prêteront ayde, et le secourront au mieux, qui leur sera possible, en luy baillant par semaine charitablement ce qui entre eux sera avisé (2). »

(1) *Anciens et nouveaux Statuts de la ville et cité de Bordeaux*. A Bordeaux, chez Simon Boé, imprimeur de la Ville, M.D.CCI.

(2) *Statuts de Bordeaux*, p. 401.

Ce principe général étant ainsi posé, chaque confrérie en fait l'application dans ses statuts particuliers. Toutes ou à peu près prévoient l'assistance en cas de maladie et se chargent des funérailles de leurs membres; certaines prévoient aussi l'assistance en cas de chômage et donnent des secours aux vieilles gens du métier; quelques-unes même se chargent de l'éducation et de l'établissement des enfants de maîtres laissés orphelins en bas âge (1).

§ 1. — Secours en cas de maladie.

Les secours donnés par la confrérie à ses membres malades sont, nous l'avons dit, généralement fixes et périodiques, comme ceux qui sont distribués de nos jours par les sociétés de secours mutuels.

Sur un point cependant ils diffèrent de ces derniers. Tandis que dans nos sociétés de secours mutuels la nature même de l'assurance empêche toute restitution, dans la confrérie, le membre assisté est quelquefois tenu de rendre après un certain délai la somme qui lui a été avancée. Mais cette obligation, toute morale d'ailleurs, n'existe pour le confrère que dans le cas où il peut « revenir sus » en ses affaires.

Voici quelques exemples; mieux qu'une sèche analyse, ils nous donneront une idée exacte de la manière dont les confréries pratiquaient l'assistance en cas de maladie (2).

(1) Signalons aussi, pour bien montrer l'esprit de l'époque, un très curieux passage des statuts de la Confrérie des Cousturiers de Bordeaux qui prévoit en outre le *risque d'excommunication*. « Item est estably que si aulcun gfraires ou gfrairesses mourent excommuniés et naient de quoy se pouuoir faire asouldre, la confrairie le doibt faire sortir descomange iusque ad vingt soulz bordalois et donner le drap en quoy il soit ensepueli. »

(2) Ces exemples sont tous extraits des *Anciens et nouveaux Statuts de Bordeaux*.

Statuts des Selliers.

. . . .

« Item, plus es estat ordennat, que si aucun mestre ou compaignon deudeyt mestey tombaue en malaudie, en maneyre que no posquos gaignar sa vite, losdicts Compte et Bourcey seran tingudz de ly bailhar cascune sepmane, la somme de vingt quatre arditz de la busti de ladeita confrairia, par ainsi que si lodeit mestre ou compaignon retourne en santat, et a de que satisfar, sera tingud de rendre et restituir à ladeita confrairia tout l'argent que aura recebut, comme deit es. »

. . . .

Statuts des Pasticiers.

. . . .

« Item es estat ordennat, que si lou cas aduent, que aucun dausdits confrais sie malaud, et non aye de que se pensar et alimentar, los mestres deudit mestey, Compte et Bourcei seran tinguts de bailla audit malaud douze ardicts per cascune sepmane de l'argent de la busty de ladite confrairia, tant que sera malaud... »

. . . .

Statuts des Menuisiers.

. . . .

« Item, si aucun confray deudeit mestey vene à malaudie, et n'agus de que se far seruir, ladeite confrairia sera tingude de ly donna cascune sepmane vingt ardits de ladeite bource, per lou seruir, si loudeit malau lou requeris. »

. . . .

Statuts des Chaussetiers.

. . . .

« Item, et s'il avenait qu'aucun maistre, compagnon ou serviteur dudit métier tombât en nécessité de maladie, et n'avait de quoy se faire panser, lesdits quatre maistres seront tenus de luy bailler pour luy subvenir à ses nécessitez, la somme de quinze sols tournois. Et s'il avenait que Dieu luy donnât santé, et il eût de quoy, il sera tenu de rendre ledit argent ausdits quatre maistres, pour le remettre en ladite boëtte de ladite confrairie. »

. . . .

Statuts des Savetiers.

. . . .

« Item aussi a été dit et ordonné, que s'il y a aucun desdits confraires maistres, ou de leurs veuves, qui tombe en nécessité de maladie, et soit pauvre et indigent, et qu'il requiere ausdits quatre officiers estre secouru, en ce cas ladite confrairie sera tenue le secourir chacune semaine de la somme de trois sols tournois, laquelle somme sera baillée et délivrée audit pauvre malade, et continuée jusqu'à ce qu'il soit guéry, durant le temps de trente jours. Et après ce qu'il aura recouvré santé et guérison, trois mois après sera tenu de rendre et restituer à ladite confrairie ledit argent, qui lui aura été prêté en sadite maladie ainsi que dit est... »

. . . .

Statuts des Chapeliers.

. . . .

« Item, a été ordonné que si aucun confraire tombe malade, et qu'il n'aye de quoy s'alimenter, ladite confrairie sera tenüe, si le malade le requiert, luy bailler chacune semaine quinze sols tournois, pour ayder à le nourrir et alimenter, à la charge que si le malade vient à convalescence, il sera tenu rembourser l'argent que ladite confrairie luy aura baillé, à l'occasion que dessus. »

. . . .

Statuts des Boutonniers, Bonnetiers et Garnisseurs de chapeaux.

. . . .

« Item, si aucun compagnon dudit métier, demeurant avec maistre, ou passant chemin, était détenu malade en cette ville de Bordeaux, ou autrement réduit à telle nécessité, qu'il n'eût de quoy vivre et être substanté, a été ordonné et arrêté, que les deniers de la boëtte serviront à tels nécessiteux, lesquels nécessiteux en seront aydez et secoureus, jusques à la somme de cinquante sols pour la première fois, et pour le plus, et autrement, au moins ainsi que lesdits bayles jugeront en leurs consciences être requis et nécessaire. »

. . . .

Signalons enfin, en terminant, les statuts des Mesureurs de sel, qui opéraient entre les confrères malades une égale répartition des gains et profits.

« Item, disent ces statuts, que lorsque quelqu'un de ladite compagnie sera malade, ou autrement dans l'impuissance, par indisposition de sa personne, de vacquer à l'exercice de son office de Mesureur de sel; en ce cas, sur les travaux qui se feront, il lui sera fait la paye sur le pied de treize et demy, qui est une vingt septième partie, et revenant à la moitié de ce qu'un de ladite compagnie pourrait avoir, ny sera fait plus grande paye, quelque moindre nombre qui fût à ce travail. »

§ 2. — Funérailles.

La sollicitude dont la confrérie entoure ses membres malades, elle l'a aussi pour eux lorsqu'ils meurent.

Les confrères ont, en effet, droit à des honneurs funèbres dont le cérémonial est déterminé de la façon la plus minutieuse par les statuts, et leur convoi doit être suivi par tous les autres confrères qui sont obligés de fermer leurs boutiques en signe de deuil. S'il y a une différence entre les riches et les pauvres, elle consiste uniquement en ce que les obsèques des uns sont à la charge de la famille du défunt, tandis que celles des autres sont supportées par la caisse commune.

Les statuts de la plupart des confréries contiennent à cet

égard quelques dispositions analogues à celles que nous citons et qui sont extraites des *Statuts de Bordeaux* (1).

Statuts des Chaussetiers.

. . . .

« Item, s'il avenait qu'aucun maistre ou compaignon dudit mestier, confraire de ladicte confrairie, allât de vie à trépas, et n'avait de quoy se faire enterrer honnêtement, selon l'ordonnance de ladite confrairie, sera enterré aux dépens de la boëtte... »

. . . .

Statuts des Menuisiers.

. . . .

« Item, es ordennat que si lou cas es, que aucun confray de ladeite confrairia anez de vita à trepassement, et n'agues de que se far ensevelir, lou Bourcey et lou Mande de ladeite confrairia, seran tinguds portar ladeite luminari, aussi ben comme en un autre confray. »

. . . .

Signalons aussi la très curieuse disposition que l'on trouve dans les statuts des Pasticiers et des Cousturiers de la même ville, et qui dit que si un confrère se noie dans la rivière, la confrérie sera tenue de faire chercher à ses frais le corps pendant un certain nombre de marées (2).

(1) Des dispositions à peu près identiques se retrouvent aussi dans les statuts des corporations ouvrières romaines contemporaines de cette époque. « Lorsqu'un membre d'une corporation venait à trépasser, dit M. Rodocanachi, tous ses collègues devaient assister à ses obsèques; ceux que désignaient les consuls portaient le corps sur leurs épaules, de la maison mortuaire à l'église (drapiers, barbiers); les pauvres étaient ensevelis aux frais de la corporation; toutefois, les cierges devaient être payés, si faire se pouvait, par les héritiers... » (*Les Corporations ouvrières à Rome depuis la chute de l'empire romain*, t. I, p. xcv.)

(2) *Statuts des Pasticiers.* « Item, et si aucun confrai de ladeite

Quant au cérémonial à suivre pour l'enterrement d'un confrère, il était déterminé, nous l'avons dit, avec un soin jaloux, par les statuts des confréries. La plupart, suivant que le confrère « était allé de vie à trépas » dans la ville ou en dehors, prescrivaient à leurs membres d'aller avec le luminaire de la confrérie « recueillir le corps » à la demeure du défunt ou à la porte de la ville, et de l'accompagner à l'église où quatre maîtres devaient le porter s'il était maître lui-même, et quatre compagnons s'il n'était que compagnon (1).

§ 3. — Secours en cas de vieillesse.

La confrérie, nous venons de le voir, donne des secours à ses membres malades, et se charge de leurs funérailles. Elle fait plus encore. Très souvent elle leur vient aussi en aide lorsque leur âge ou leurs infirmités ne leur permettent plus de subvenir à leurs besoins.

Tantôt en effet, ceux de ses membres qui étaient vieux et infirmes avaient le droit d'aller d'atelier en atelier, sous le titre de *bons pauvres*, réclamer l'assistance de leurs confrères, et

confrairia se negaué en la riueira, ladeite confrairia sera tingude de lou far serqua tres marées aus despens de ladeite busti. »

Statuts des Cousturiers. — « Item, est estably que si aulcun gfraire meuret ou perisset en mer, que Dieu les deffendêt, la gfrairie le doibt fere chercher avec deulx gabbarres, deulx montans et deulx descendans, aux despêts de la gfrairie, et doibuent estre, en chescune gabbarre, deux gfraires, et doibuent avoir, pour boire, en chescune gabbarre, cinq soulx, et qui refusera, que mandé sera, gagera cinq soulx sas nulle merci, sil na bonne excuse, et doibuent paier lesdictes gabarres de la bourse. »

(1) A ce cérémonial se mêlaient aussi, parfois, des pratiques bizarres, même cyniques. C'est ainsi, par exemple, que quand les crieurs de vin de Paris enterraient un des leurs, deux d'entre eux marchaient près du cercueil en portant l'un un pot rempli de vin, l'autre un gobelet, et ils présentaient ce gobelet bien rempli à tous les passants qui demandaient à boire.

ceux-ci leur donnaient habituellement chacun quinze centimes par mois (1). Tantôt, lorsque la confrérie était riche, elle avait son hospice particulier, où elle recevait les invalides de la corporation. C'est ainsi que les orfèvres de Paris avaient dans leur maison commune vingt-cinq chambres pour les vieux maîtres pauvres et infirmes. Ces sortes d'hospices particuliers étaient aussi quelquefois le don d'un riche confrère. Ainsi en était-il par exemple de la maison qui joignait l'église patronale des musiciens de Paris (2) et qui contenait dix chambres également destinées à de vieux confrères (3).

A la vérité, on peut dire que ces secours n'ont pas le même caractère, ni peut-être aussi la même importance que les pensions de retraite servies de nos jours à leurs membres par les sociétés de secours mutuels; mais ils n'en constituent pas moins, cependant, une manifestation remarquable de l'esprit de prévoyance qui animait les confréries, et ils suffisent à nous montrer que l'idée qui a présidé au développement des institutions de prévoyance dont notre époque est si fière existait déjà en germe dans la confrérie du moyen âge.

§ 4. — Secours en cas de chômage.

Ce n'est pas d'aujourd'hui, non plus, que datent les secours en cas de chômage involontaire. Au XVe et au XVIe siècle, nous trouvons déjà dans notre ville quelques confréries qui,

(1) Laurent, *le Paupérisme et les institutions de prévoyance*, t. I, p. 202.

(2) Hubert Valleroux, *les Corporations et les syndicats professionnels*, p. 68.

(3) L'hôpital de Saint-Éloi et du Saint-Esprit à Paris, celui de Saint-Laurent des Vignes à Lyon, celui du Corps-Dieu à Toulouse, pour ne citer que ceux-là, doivent leur existence à des confréries. (Voyez Laurent, ouvrage cité, p. 207, *ad notam*.)

dans certains cas, accordent aux ouvriers de leur corporation des secours en cas de chômage involontaire.

Voici, en effet, ce que disent les statuts des Selliers et des Chaussetiers de Bordeaux :

Statuts des Selliers.

. . . .

« Item, es estat ordennat, que si aulcun compaignon deudeit mestey estrangey arriuaue en ladite villa ou ciutat, et non trouuaue ou besoignar de son mestey, et no abe argent, de que passar pays, ladeite confrairia sera tingude de ly donnar la somme de vingts arditz : una betz tant solement. »

. . . .

Statuts des Chaussetiers.

. . . .

« Item, plus, s'il avenait qu'aucun compagnon ou serviteur dudit métier arrivât en ladite ville de Bordeaux pour travailler, et ne trouvât que travailler, et n'eût point d'argent pour tirer païs, lesdits quatre maistres, s'ils sont avertis, seront tenus de luy bailler vingt ardits de ladite confrairie, pour passer son chemin. »

. . . .

§ 5. — Éducation des orphelins de la corporation.

La confrérie ne donnait pas, à proprement parler, comme quelques-unes de nos associations modernes, des secours en cas de décès du chef de famille, aux femmes des confrères et à leurs enfants. Elle ne les abandonnait pas cependant; bien au contraire, elle reportait sur eux la sollicitude dont elle n'avait cessé d'entourer le défunt jusqu'à sa mort.

Aux veuves elle permettait de continuer l'exercice du métier « tant qu'elles demeureraient en viduité et vivraient honnêtement », et pendant tout ce temps elle leur assurait en cas de maladie les mêmes secours qu'aux autres confrères (1).

Aux fils du défunt, elle faisait des conditions spéciales d'apprentissage, et à défaut d'enfants mâles elle permettait également aux filles de faire exercer le métier « par compagnon suffisant », jusqu'au moment de leur mariage (2).

Enfin, aux uns et aux autres, s'ils sont restés sans fortune, orphelins de père et de mère en bas âge, quelques confréries,

(1) « Item, disent les Statuts des Savetiers de Bordeaux, a été dict et ordonné que s'il y a aucun desdits confraires maistre, *ou de leurs veuves*, qui tombe en nécessité de maladie, et soit pauvre et indigent, et qu'il requiere ausdits quatre officiers être secouru, en ce cas ladite confrairie sera tenüe le secourir chacune semaine de la somme de trois sols tournois, etc... »

(2) A titre d'exemple, nous citerons l'extrait suivant des Statuts des Apothicaires de Bordeaux :

« S'il avenait qu'aucun desdits maistres allât de vie à trépas sans hoirs descendus de loyal mariage, et qu'il délaissât sa femme sans enfans, elle pourra tenir boutique d'Apoticaire, en ayant un facteur ou deux serviteurs experts audit art. Lesquels facteurs ou serviteurs feront serment tenir ladite boutique tant que ladite veuve demeurera en viduité et vivra chastement...

» Aussi au cas qu'aucun desdits Apoticaires, après son decez, délaissât plusieurs enfants mâles, mineurs de vingt-cinq ans, lesdits quatre Bayles, sçavoir est les deux anciens de l'année précédente, et les deux de l'année dudit decez, les tuteurs et curateurs, ou autres parens et amis desdits mineurs, appelez, seront tenus leur bailler un ou deux bons, loyals et experts facteurs ou serviteurs.

» Et lesquels tiendront ladite boutique, jusques à ce que le premier desdits enfans aura l'âge de seize ans : auquel temps luy sera remontré s'il veut estre Apoticaire, et au cas qu'il le voulût estre, fera le serment en tel cas requis. Et après ledit serment fait, sera tenu demeurer en boutiques suffisantes, fameuses et de renom par le temps de cinq ans. Et après pourra tenir ladite boutique en son privé nom, et sans être tenu, après lesdits cinq ans expirez, tenir aucun facteur si faire ne le veut. . . . .

. . . .

» S'il avenait qu'aucun maistre allât de vie à trépas, et n'eût que filles, qui fussent à marier, seront tenus lesdits bayles apeller les tuteurs ou curateurs desdites filles, si aucuns en avaient, et autres parens et amis : et comme par exemple celle des Serruriers de Bordeaux, assurent l'éducation professionnelle et l'entretien jusqu'au jour où ils pourront se suffire (1). « S'il y a des enfans procréés dudit serrurier décédé, de loyal et légitime mariage, si lesdits enfans étaient pupilles, sans père ou mère, et qu'ils n'eussent aucuns biens, disent ces statuts, seront tenus lesdicts maistres les prendre et nourrir, en leur apprenant le mestier; et pour ce faire, seront lesdicts maistres contraints et tenus contribuer raisonnablement chacun d'eux, pour à ce estre pourvû. »

leur bailler un expert serviteur, qui fera le serment en tel cas requis : et lequel sous la charge desdites filles, tiendra la boutique de leur dit feu père, jusqu'à ce qu'elles soient toutes mariées.

» Incontinent que lesdites filles, ou aucune d'elles sera parvenüe à l'âge de dix ans, l'un desdits maistres apoticaires, qui sera marié, et tel, qu'il sera éleu par lesdits quatre maistres bayles, sera tenu retirer icelle fille dudit âge, et la tenir en sa maison et hors la compagnie dudit facteur, jusqu'à ce qu'elle soit mariée, en constituant pension raisonnable ausdits maistres par lesdits Bayles, pour la nourriture de ladite fille. Laquelle pension sera payée chacun an du profit provenant de ladite boutique. »

(1) Si nous en croyons M. Rodocanachi, les corporations ouvrières romaines du XVIIe siècle faisaient plus encore pour les filles des associés pauvres. En effet, « mainte corporation, nous dit cet auteur, accordait, lors de la fête patronale, des dots aux filles, voire aux parents des associés peu fortunés ; des enquêteurs étaient chargés d'examiner leurs droits et surtout leur conduite. Au reste, pour plus de garantie, on n'en remettait le montant à la jeune fille qu'au moment de son mariage, et on exigeait, sur le reçu, l'engagement que si elle mourait sans enfant mâle, ou si par sa conduite d'épouse, elle ne justifiait pas la faveur dont elle avait été l'objet, la somme serait aussitôt restituée ». (*Les Corporations ouvrières à Rome depuis la chute de l'Empire romain*, t. I, p. XCVI.)

Rapprochons aussi de ces dispositions celles qui sont contenues dans les statuts des fèvres couteliers de Paris (statuts de 1565, confirmés en 1608, art. 44), et qui sont signalées par M. Martin Saint-Léon, dans son *Histoire des corporations et métiers*, p. 354. « Si quelque maître dudit métier, disent ces statuts, était dénué et dépourvu de tous biens, ayant plusieurs filles provenues en loyal mariage, il convient les marier à quelque compagnon dudit métier, qui sera reçu maître sans faire aucun chef-d'œuvre et ne sera tenu que du droit du roy. »

Nous avons cité bien des textes et bien des exemples ; qu'on nous les pardonne. Nous avons pensé, nous le répétons, que mieux qu'une sèche analyse les citations et les détails pouvaient donner une idée exacte du rôle qu'ont joué les confréries du moyen âge dans la question que nous étudions.

CHAPITRE IV

JUGEMENT SUR LES CORPORATIONS DE MÉTIERS ET LES INSTITUTIONS DE PRÉVOYANCE FONDÉES PAR ELLES

Si nous jetons un coup d'œil rapide sur l'évolution corporative, nous voyons les corporations se former à l'origine par la libre association des artisans d'un même métier; elles sont ouvertes à tous et n'ont d'autre but que la défense des intérêts communs de leurs membres et leur émancipation. Et puis, peu à peu, à mesure que s'accroît leur nombre et leur puissance, nous les voyons perdre leur caractère primitif d'associations libres et dégénérer jusqu'à devenir des corps fermés, exclusifs et tyranniques.

Dès lors, de ces libres associations, dont nous saluions l'avènement, il ne reste plus rien, si ce n'est la forme extérieure. Cependant, en cet état même, les corporations ont encore des vertus, car un sentiment, le sentiment de la charité chétienne, tempère leur orgueil et leur dureté, suites presque inévitables de leur puissance, et leur donne un aspect essentiellement humanitaire.

Quel est, en effet, le statut qui, à côté des privilèges les plus absolus et des règles les plus fâcheuses au point de vue économique, ne contient pas les prescriptions morales les plus sages et surtout les dispositions les plus admirables sur l'assistance mutuelle? Ne trouvons-nous pas toujours, à côté d'une longue et fastidieuse réglementation du chef-d'œuvre, l'énumération des conditions de probité et de moralité exigées pour pouvoir être admis dans le métier et s'y maintenir? Partout, enfin, ne trouvons-nous pas énumérées les circonstances dans lesquelles le maître, le compagnon ou l'apprenti, leurs enfants et leurs veuves, seront assistés et aidés?

L'influence religieuse, ne l'oublions pas, a été toute-puissante sur le mouvement social au moyen âge en général, et sur le mouvement corporatif en particulier. C'est un acte religieux, le serment, qui fut le premier lien des artisans librement associés, et, nous l'avons montré, c'est encore un sentiment religieux qui, au XIVe siècle, rapprocha dans les confréries les patrons et les ouvriers que des intérêts opposés divisaient déjà. C'est ce sentiment qui les a réunis au pied d'un même autel, confondus dans une même prière; et c'est aussi ce sentiment qui a inspiré les admirables dispositions que contiennent les statuts des confréries sur l'assistance mutuelle.

Ces dispositions, il est vrai, on les a critiquées, et on a essayé d'en diminuer le mérite. On a dit notamment que les secours distribués par les confréries à leurs membres étaient peu abondants, et qu'ils ressemblaient singulièrement à des aumônes. Mais qu'on se reporte à l'époque où les fourreurs de vair de Paris assuraient aux malades de leur corporation un secours de trois sous par semaine pendant toute la durée de leur maladie, et où les orfèvres de la même ville entretenaient vingt-cinq chambres pour recueillir « les vieilles gens du métier »; qu'on se reporte, disons-nous, à cette époque, et on sera bien obligé de reconnaître que c'était encore beaucoup, comparé à la charité moderne.

Et puis, dit Hubert Valleroux, « quelle différence entre la charité réglée, et administrative, pour ainsi parler, venant d'une société (1) dont les adhérents, hommes de tous métiers, se connaissent à peine, ou, s'ils sont de même profession, se connaissent mal, puisqu'ils ne sont jamais ensemble, et cette charité si active, si soigneuse, des confrères du corps d'état? Le pauvre orfèvre, le pauvre musicien qui recevait une chambre dans l'hôtel de la corporation, n'était pas humilié d'avoir part à cette fortune qu'il avait contribué à former; il ne sortait pour ainsi dire pas du métier, ni de la compagnie de ses confrères, et les servait encore par ses conseils. Or, quelle institution professionnelle secourt aujourd'hui le négociant ruiné? Il tend vraiment la main. Que l'on cesse donc d'accuser ces institutions pieuses : notre époque, si fière d'elle-même, si justement fière à quelques égards, ne les a pas encore égalées » (2).

(1) L'auteur parle des sociétés de secours mutuels modernes.
(2) *Les Corporations de métiers et les syndicats professionnels*, p. 69.

CHAPITRE V

LE COMPAGNONNAGE

Le compagnonnage est une ancienne association ouvrière dont quelques vestiges subsistent encore de nos jours.

Assigner une date à sa naissance est chose peu aisée, car l'ombre et le mystère n'ont cessé d'entourer son organisation et son développement. Au dire de ses adeptes, cette institution remonte à la construction du Temple de Salomon ; mais les auteurs les plus sérieux nous disent qu'elle a dû se former en réalité vers le XIVe siècle.

A cette époque, en effet, se passèrent deux faits importants. D'une part, nous l'avons déjà dit, les compagnons, atteints dans leurs intérêts par le monopole accordé aux maîtres, commencèrent à se séparer d'eux ; et, d'autre part, ils abandonnèrent en grand nombre la vie sédentaire, que seule ils avaient connue jusque-là, pour aller travailler de ville en ville. Aussi le corps de métier, dont, d'ailleurs, ils se sentaient bannis, ne leur suffit plus, et la confrérie elle-même, malgré les secours qu'elle leur offrait, ne répondit plus à leurs besoins.

Dès lors, ils formèrent, pour ainsi dire, un ordre à part ; ils eurent leurs habitudes, leurs règles et leurs associations indépendantes, analogues aux confréries, tout en présentant avec elles des différences essentielles.

Les confréries des gens de métiers n'étaient, en effet, « que l'association étroite des artisans d'une même profession, habitant une même ville » (1); les associations nouvelles eurent des bases plus larges. Elles s'adressèrent surtout à l'ouvrier qui voyageait; elles lui assurèrent du travail quand il arriva dans une ville inconnue, lui firent trouver partout des visages amis, lui donnèrent des secours, lorsque, sans qu'il y eût de sa faute, il se trouva dans la détresse, et le firent soigner lorsqu'il fut malade. Mais leur rôle ne s'arrêta pas là; elles furent quelque chose de plus que des associations de secours mutuels, car elles garantirent en outre leurs membres « contre l'arbitraire des patrons » (2). Aussi se trouvèrent-elles pour cette raison en dehors de la législation régulière, et chaque jour s'éloignèrent-elles davantage du type primitif de la confrérie ouvrière.

Ce fut, d'ailleurs, cette situation spéciale qui obligea le compagnonnage à fuir le grand jour et à prendre les allures mystérieuses des sociétés secrètes.

« La réception des compagnons, dit Levasseur, était entourée de cérémonies bizarres, et ressemblait à une initiation des mystères antiques. » Mais, « ces mystères n'étaient que la forme du compagnonnage; le fond était plus sérieux. C'était, en réalité, une association de secours mutuels, non moins nécessaire au compagnon du xve siècle errant de ville en ville que ne l'avait été au xiiie le corps de métier à l'artisan menacé dans son travail par le despotisme féodal » (3). Et c'est en le considérant ainsi, que nous allons faire une rapide étude du compagnonnage.

Le compagnon qui quittait sa ville natale pour faire *son tour de France*, n'allait pas à l'aventure comme l'ouvrier qui

(1) Levasseur, *Histoire des classes ouvrières*, t. I, p. 495.
(2) Id., id., p. 496.
(3) Id., id., p. 496.

n'était pas compagnon. Ce dernier, en effet, lorsqu'il arrivait dans une ville inconnue, s'y trouvait forcément isolé et n'avait aucun moyen de se procurer du travail. Sa situation était des plus précaires, car il n'avait pas d'amis, souvent pas d'argent, et par surcroît il était en butte aux tracasseries et à l'inimitié des ouvriers indigènes qui voyaient en lui un rival. Aussi était-il exposé à manquer de travail, et manquant de travail à manquer de pain. Le compagnon, au contraire, loin d'être exposé à ces déboires, trouvait partout des amis prêts à lui venir en aide (1). Le travail lui était assuré, car quelle que fût la quantité d'ouvrage qu'il y eût à faire, les autres compagnons devaient fraternellement partager avec lui, au risque de faire eux-mêmes des journées moins longues et moins lucratives (2). S'il manquait de ressources et si son indigence ne provenait pas de l'inconduite, on lui prêtait de l'argent. S'il tombait malade, on le soignait, on le veillait à domicile ou bien on le visitait à l'hôpital; et s'il venait à

(1) Citons à ce sujet l'extrait suivant des Statuts des Merciers de Blois qui datent du xve siècle :

« Que si aulcun compagnon dudict serment, estait malade, l'aultre compagnon est tenu le visiter et se détourner de deux lieues; et s'il a payé quelque chose pour ledict malade ou qu'il meure, en portant certificat du curé ou notaire, les aultres compagnons sont tenuz de le rembourser simplement.

» Item, si l'un des compagnons est en chemin, et n'ha de quoy payer et passer son chemin, les aultres sont tenuz de lui prester et boutter douze deniers.

» Item, si ung estait malade et qui ne puisse porter sa marchandise, le premier compagnon qu'il trouuera sera tenu de luy porter pour quatre lieues, pour son argent ou le tiers du gaing qui se fera sur ladicte marchandise, tant qu'il la lui vouldra porter et la desployer et establir ensemblement. » (*Les Métiers de Blois*, par A. Bourgeois, archiviste de Loir-et-Cher, t. I, p. 160.)

(2) « Quelquefois, nous dit Levasseur, quand le travail ne pouvait pas se partager, il était de règle que le plus anciennement établi dans la ville cédât la place au dernier arrivé. » (*Histoire des classes ouvrières*, t. I, p. 502.)

mourir, ses funérailles se faisaient aux frais de la société qui y assistait tout entière et faisait célébrer un service funèbre pour le repos de son âme.

C'était donc un système complet d'assistance mutuelle qu'organisait le compagnonnage; et si tout en conservant la forme mystérieuse d'une société secrète, cette institution essentiellement ouvrière s'était toujours bornée à assurer la sécurité de ses membres, peut-être serait-elle encore pleine de prospérité.

Malheureusement, il n'en fut pas ainsi.

Le compagnonnage avait été dès l'origine, nous l'avons dit, en même temps qu'une véritable société professionnelle de secours mutuels, une association de résistance ayant pour but de permettre aux ouvriers qui en étaient membres de lutter contre la tyrannie des corps de métiers. A cela il n'y avait rien à dire, et si la résistance des compagnons avait toujours été dictée par la raison, on n'aurait pu qu'approuver cet équilibre de forces. Mais trop souvent le compagnonnage abusa de son ascendant et de ses ressources pour susciter et soutenir des grèves uniquement inspirées par la passion et la colère.

Peu à peu, aussi, la forme prévalut sur le fond; les mystères dont l'initiation et la reconnaissance des membres entre eux étaient entourées « devinrent en quelque sorte l'affaire capitale de l'association » (1), au lieu d'en rester seulement l'accessoire, et les fréquentes réunions des compagnons ayant perdu leur simplicité primitive furent ainsi que leurs fêtes, des occasions sans cesse renaissantes de pertes de temps et de débauches (2).

(1) LEVASSEUR, *Histoire des classes ouvrières*, t. I, p. 503.

(2) « Voici, dit Levasseur, comment au XVIIe siècle s'exprime un ancien compagnon devenu prêtre :

« Ces compagnons déshonorent grandement Dieu, profanant tous les

Ce n'est pas tout encore, et là ne s'arrêtent pas ses défauts.

Pas plus, en effet, que le corps de métier, contre lequel cependant il s'était insurgé, le compagnonnage ne sut faire preuve de tolérance. Comme lui, il devint peu à peu jaloux et exclusif, mais son intolérance revêtit une autre forme. Le corps de métier avait cherché à limiter le plus possible le nombre de ses membres, le compagnonnage aurait « voulu au contraire réunir sous sa loi tous les ouvriers de la même profession, et il exerçait une pression tyrannique sur ceux qui ne s'étaient pas fait affilier ».

La division se mit en outre dans ses rangs; certaines professions se divisèrent en plusieurs devoirs rivaux, et cette rivalité dégénéra bientôt en une haine qui se traduisit trop souvent par des rixes sanglantes.

Telle était cette institution du compagnonnage qui grâce à sa vitalité devait survivre à la Révolution. Ses défauts étaient grands, sans doute, mais ils ne doivent pas nous faire oublier tous les services qu'elle rendit à la classe ouvrière, à une époque où la difficulté des communications et l'esprit du temps offraient un obstacle presque insurmontable aux

mystères de notre religion, ruinent les maistres, vuidans leurs boutiques de serviteurs quand quelqu'un de leur cabale se plaint d'avoir receu bravade, et se ruinent eux-mêmes par les défauts au devoir qu'ils font payer les uns aux autres pour estre employez à boire ; outre que le compagnonnage ne leur sert de rien pour la maîtrise. Ils ont entre eux une juridiction ; eslisent des officiers, un prévost, un lieutenant, un greffier et un sergent ; ont des correspondances par les villes, et un mot du guet par lequel ils se reconnaissent et qu'ils tiennent secret, et font partout ligue offensive contre les apprentis de leur métier qui ne sont pas de leur cabale, les battent et maltraitent et les sollicitent d'entrer en leur compagnie. » (*Histoire des classes ouvrières avant 1789*, t. I, p. 504.)

déplacements de l'ouvrier. Rappelons-nous, surtout, car c'est là son plus beau titre de gloire, que le compagnonnage fut une remarquable école de mutualité et que, grâce à lui, l'instruction de l'ouvrier fut plus complète et sa sécurité plus grande.

TROISIÈME PARTIE

Les Associations professionnelles en France depuis 1791 jusqu'à la loi du 21 mars 1884. Leur rôle dans les Institutions de prévoyance.

Dans les chapitres qui précèdent, nous avons essayé de montrer que partout et toujours, dans l'antiquité grecque et latine comme dans la France du moyen âge et des temps modernes, les artisans d'un même métier ont éprouvé un impérieux besoin de s'associer entre eux pour défendre leurs intérêts communs, et aussi pour se prêter une mutuelle assistance dans les traverses de la vie. Nous avons successivement jeté un coup d'œil rapide sur les collèges gréco-romains, sur les ghildes germaniques, les corporations de métiers et le compagnonnage, et nous avons suivi dans ces diverses associations le développement de l'idée de prévoyance.

Nous sommes arrivés ainsi à la fin du XVIIIe siècle; et maintenant, avant de terminer la partie historique de ce travail, nous devons examiner dans un dernier chapitre ce que sont devenues les institutions de prévoyance dues à l'initiative des associations d'artisans depuis 1791 jusqu'à la loi du 21 mars 1884.

L'Assemblée Constituante, dans la fameuse nuit du 4 août 1789, répondant aux vœux unanimes de la classe ouvrière, avait décidé la « réformation des jurandes »; et quelques mois plus tard, le 17 mars 1791, elle proclamait la liberté du travail.

Pendant ce temps, les ouvriers de Paris dont un grand nombre manquait d'ouvrage et que la suppression des corporations et des institutions s'y rattachant laissait isolés et sans secours, se préoccupaient de la nécessité de s'assurer des moyens d'assistance.

Durant les années 1790 et 1791, ils s'assemblèrent successivement par profession : les cordonniers aux Champs-Élysées, les charpentiers à l'archevêché, les maçons, les serruriers, les imprimeurs, etc., sur les diverses places de la capitale, et ils adressèrent tous à la municipalité et à l'Assemblée nationale des pétitions tendant à ce qu'il leur fût permis de s'associer par spécialité d'état, pour veiller à la sauvegarde de leurs intérêts communs et pour procurer, moyennant le versement d'une cotisation périodique, des secours à ceux d'entre eux qui seraient malades ou sans ouvrage.

Il y eut même quelques émeutes.

A ces demandes réitérées des ouvriers de Paris, l'Assemblée répondit par la loi des 14-17 juin 1791, qu'elle vota sans discussion sur le rapport du député Chapelier.

Le rapporteur n'avait vu, et l'Assemblée ne vit avec lui dans « les prétendus intérêts communs » invoqués par les ouvriers et dans les caisses de secours projetés par eux, que « des motifs spécieux »; car, disait-il, « c'est à la nation, c'est aux officiers publics en son nom, à fournir des travaux à ceux qui en ont besoin pour leur existence et des secours aux infirmes » (1). Aussi, se fondant « sur l'anéantissement légal de toutes les espèces de corporations », l'Assemblée défendit, sous peine d'amende et de prison (2), « à tous citoyens d'un même état et profession, aux entrepreneurs, à tous ouvriers et compagnons, de se nommer des présidents, des secrétaires ou des syndics, de tenir des registres, de prendre des arrêtés ou délibérations, de former des règlements sur leurs prétendus intérêts communs ».

C'était, sous prétexte de garantir la liberté du travail, proscrire une liberté tout aussi nécessaire, la liberté d'association, sans laquelle la liberté du travail n'est qu'un vain mot.

Voilà donc les ouvriers affranchis désormais des entraves que le système corporatif semait sous chacun de leurs pas; mais les voilà aussi privés de la protection et des secours que ce système leur assurait en cas de chômage ou de maladie et dans toutes les circonstances difficiles. Que vont-ils faire?

Placés dans l'alternative ou de rester dans un isolement à la fois contraire à leurs aspirations et préjudiciable à leurs intérêts en obéissant au législateur révolutionnaire, ou de

(1) *Archives parlementaires*, 1re série, t. XXVII, p. 211. C'était, disons-le en passant, la reconnaissance formelle du droit au travail et du droit à l'assistance.

(2) Voici, en effet, le texte de l'article 4 : « Si contre les principes de la liberté et de la Constitution, des citoyens attachés aux mêmes professions, arts et métiers, prenaient des délibérations ou faisaient entre eux des conventions tendant à refuser de concert ou à n'accorder qu'à un prix déterminé le secours de leur industrie ou de leurs travaux, lesdites délibérations et conventions, accompagnées ou nom du serment, sont déclarées inconstitutionnelles, attentatoires à la liberté et à la Déclaration des droits de l'homme et de nul effet... Les auteurs, chefs et instigateurs, qui les auront provoquées, rédigées ou présidées seront cités devant le tribunal de police, à la requête du procureur de la commune, condamnés chacun à cinq cents livres d'amende et suspendus pendant un an de l'exercice de tous droits de citoyen actif et de l'entrée dans les assemblées primaires. »

violer la loi en s'associant pour sauvegarder leurs intérêts et surtout pour se procurer des moyens d'assistance, les ouvriers se décidèrent pour ce dernier parti; malgré les défenses de la loi, ils s'associèrent.

Dans certaines professions, les compagnonnages se reformèrent, ou plutôt se maintinrent, et dans les autres les ouvriers se groupèrent pour former entre eux des associations d'assistance mutuelle.

Pendant les premières années qui suivirent la Révolution, il nous est assez difficile de suivre le développement des associations qui se fondèrent ainsi. Tout ce que nous pouvons dire, c'est qu'elles furent entourées des plus vives défiances, tant on craignait de voir revivre sous une forme nouvelle les corporations et les confréries détruites.

Mais lorsque le calme fut revenu dans les esprits, on fut moins injuste à leur égard, et, la réouverture des ateliers et les progrès de l'industrie aidant, elles prirent même rapidement une certaine extension.

« A Paris, seulement, dit M. Émile Laurent, d'après les comptes rendus de la célèbre Société philanthropique de cette ville, il se forma, de 1794 à 1806, treize sociétés nouvelles. En 1806, ce mouvement dut s'arrêter devant la tendance de l'administration à ne pas autoriser les réunions des ouvriers de la même profession. « On voulut, rapporte Éverat, qu'à » l'avenir les sociétés de secours mutuels fussent composées » d'hommes de toutes sortes d'état; afin d'éviter, disait-on, » les cabales, les coalitions tendant à augmenter le prix de » la main-d'œuvre. Cette mesure porta le découragement » parmi les ouvriers; leur zèle s'éteignit tout à coup; il leur » répugnait de contracter avec des individus qu'ils ne con» naissaient pas et qui travaillaient dans des ateliers où ils » n'avaient aucun accès. Heureusement, en 1808, la police fut

» moins sévère; elle n'exigea point cet amalgame rigoureux » qu'elle avait demandé d'abord, et qui consistait à ne pas » introduire dans ces assemblées plus de dix personnes du » même état. On se contenta, pour la forme, d'y admettre » quelques étrangers, de manière pourtant à conserver tou- » jours la profession dominante (1). » Quoi qu'il en soit, grâce à la tolérance des pouvoirs publics, et malgré les prohibitions nouvelles édictées contre les associations par l'article 291 du Code pénal de 1810 (2), le nombre des sociétés professionnelles de secours mutuels ne cessa de s'accroître à Paris à partir de cette époque.

Dans les grandes villes des départements, à Lille, Lyon, Grenoble, Marseille et Bordeaux, ce mouvement fut également assez rapide; et il est même remarquable que dans un certain nombre de villes de province l'administration locale fut loin de manifester à l'égard de ces sociétés professionnelles d'assistance mutuelle les sentiments de défiance qui les avaient accueillies à leur apparition dans la capitale. A Grenoble, par exemple, dès 1803, le maire de cette ville laissa s'affilier entre eux les ouvriers gantiers; en 1804, il autorisa les peigneurs de chanvre, puis les cordonniers, à suivre cet exemple; en 1808, le nombre des sociétés de Grenoble était de 7.

(1) Émile LAURENT, *le Paupérisme et les institutions de prévoyance*, t. I, p. 270.

(2) Art. 291 du Code pénal. « Nulle association de plus de vingt personnes, dont le but sera de se réunir tous les jours ou à certains jours marqués, pour s'occuper d'objets religieux, littéraires, politiques ou autres, ne pourra se former qu'avec l'agrément du Gouvernement et sous les conditions qu'il plaira à l'autorité publique d'imposer à la société... »

Article 292. « Toute association de la nature ci-dessus exprimée qui sera formé sans autorisation, ou qui, après l'avoir obtenue, aura enfreint les conditions à elle imposée, sera dissoute.

» Les chefs, directeurs ou administrateurs de l'association seront en outre punis d'une amende de seize francs à deux cents francs. »

Dès 1804 également nous trouvons à Lyon des sociétés de tisseurs, de maçons, de charpentiers, de portefaix, de cordonniers, de jardiniers, de fabricants de bas et de tulle, et quelques autres encore qui se sont fondées en dehors de tout contrôle de l'autorité locale.

Ces sociétés, comme sans doute beaucoup de celles qui naquirent dans le Midi, doivent en partie leur naissance à l'usage des *cueillettes* ou *collectes* que les ouvriers des différents métiers avaient l'habitude de faire en vue de secourir leurs confrères incapables de travailler. Nous n'en voulons pour preuve qu'un passage de l'introduction au règlement de la société de secours mutuels des fabricants de bas et de tulle, passage dans lequel on lit que ces fabricants « étaient de temps immémorial dans l'usage de faire des *cueillettes* entre eux pour secourir leurs confrères qui étaient incapables de travailler pour cause de maladie, de vieillesse ou d'infirmité; mais souvent ces moyens d'assistance devenaient insuffisants pour la plupart de ceux qui étaient accablés des maux qui pèsent sur l'humanité et languissaient aussi sans secours jusqu'à la fin de leur triste existence. Pour remédier à tant de maux et se préserver de semblables calamités, des hommes sages et prévoyants conçurent l'utilité d'une association mutuelle qui, au moyen d'une cotisation mensuelle, procurerait aux malades, aux infirmes et aux vieillards associés des secours plus permanents et plus efficaces que ceux qu'on peut leur procurer par voie des quêtes » (1).

Marseille ne resta pas non plus en dehors de ce mouvement. En 1821, on y comptait déjà 34 sociétés de secours

(1) Émile LAURENT, *le Paupérisme et les institutions de prévoyance*, t. I, p. 269.

mutuels qui furent reliées entre elles par un comité central appelé Grand Conseil; trente ans plus tard, ce chiffre avait presque quadruplé.

A Bordeaux, enfin, ces associations prirent bien vite une grande extension. Le terrain y était d'ailleurs admirablement préparé, car avant la Révolution les *confrairies* bordelaises avaient été, nous l'avons vu, nombreuses (1) et puissantes, et elles avaient rendu des services considérables à la classe ouvrière. Aussi, plus facilement et plus promptement qu'ailleurs, la tradition devait-elle y reprendre, au moins en partie, son empire. C'est ce qui arriva.

Dès le commencement du siècle, chaque métier eut sa société de secours mutuels et, d'après les déclarations mêmes contenues dans les statuts d'un certain nombre d'entre elles, ces associations ne furent que la continuation partielle des confréries détruites. Ouvriers menuisiers, maîtres menuisiers; ouvriers bottiers, maîtres bottiers; ouvriers cordonniers, maîtres cordonniers; tanneurs et corroyeurs; ouvriers tailleurs et maîtres tailleurs; raffineurs et tonneliers; peintres et doreurs; tailleurs de pierre, plâtriers et maçons; charpentiers, charpentiers de navire et serruriers; cordiers, pêcheurs et jardiniers; perruquiers, coiffeurs et charretiers; bouchers, boulangers et typographes; en un mot, les ouvriers de tous les métiers se réunirent par spécialité d'état pour s'assurer réciproquement des secours en cas de maladie et d'infirmités.

Des grandes villes, le mouvement gagna peu à peu le reste de la France, de telle sorte que dans son rapport sur les résultats de la première enquête sérieuse faite à leur

(1) D'après un état extrait des Archives municipales de cette ville et daté de 1791, leur nombre ne s'élevait pas à moins de 100.

égard, la Commission supérieure des sociétés de secours mutuels constate qu'il y avait au 31 décembre 1852 deux mille quatre cent trente-huit sociétés mutuelles signalées par les préfets (1).

Malgré leur rapide développement, et leur importance chaque jour grandissante, les sociétés de secours mutuels restèrent jusqu'en 1850 sans législation spéciale. Avant cette époque, la seule loi qui en fît mention était celle du 22 juin 1835, qui leur permettait d'effectuer des versements aux caisses d'épargne jusqu'à concurrence de 6,000 francs. Aussi, en l'absence de dispositions particulières, tombaient-elles sous le coup des lois relatives aux associations. Certaines même, celles qui nous intéressent plus particulièrement et qui étaient exclusivement professionnelles, n'existaient qu'en vertu d'une tolérance du pouvoir central, car, nous l'avons vu, elles étaient en violation formelle de la loi de 1791.

Quoi qu'il en soit, qu'elles fussent exclusivement professionnelles, ou composées de membres appartenant à diverses professions, les sociétés de secours mutuels ne pouvaient se former qu'avec l'autorisation préalable du gouvernement, conformément aux dispositions de l'article 291 du Code pénal de 1810 et de l'article 1er de la loi du 10 avril 1834. Elles devaient, toutes, soumettre leurs statuts au contrôle des préfets, quelquefois même de l'administration centrale, qui les examinait à la fois au point de vue économique et au point de vue politique, mais surtout à ce dernier point de vue.

Lorsque, en 1848, la liberté illimitée du droit de réunion et d'association fut proclamée, les lois de 1791 et de 1834

(1) Ce nombre comprenait, il est vrai, l'ensemble des sociétés de secours mutuels existant au 31 décembre 1852, aussi bien celles dont les membres appartenaient à diverses professions que celles qui, au contraire, étaient exclusivement professionnelles.

furent, ainsi que l'article 291 du Code pénal, implicitement abrogés (1). Désormais, malgré les restrictions apportées à la liberté des clubs par le décret du 28 juillet 1848, les sociétés de secours mutuels, professionnelles ou autres, purent se former librement. Au régime de l'autorisation préalable fut substitué celui de la déclaration pure et simple des jours de réunion (2).

Ce régime légal était certes aussi large que possible, mais le besoin d'une législation spéciale réglant l'organisation intérieure et le fonctionnement de ces sociétés se faisait chaque jour plus impérieusement sentir. Aussi l'Assemblée Constituante d'abord, l'Assemblée Législative ensuite, chargèrent-elles des commissions choisies dans leur sein d'étudier la question des sociétés de secours mutuels et de la résoudre de la manière la plus conforme à la fois aux intérêts des ouvriers et à ceux de l'État.

Après avoir examiné et rejeté divers projets de loi, dus les uns à l'initiative du gouvernement, les autres à l'initiative de ses membres, l'Assemblée Législative vota le projet qui lui fut présenté par sa commission. Ce fut la loi du 15 juillet 1850.

Cette loi était à peine entrée en vigueur, lorsque survint le coup d'État du 2 décembre 1851, et que fut porté le décret du 26 mars 1852, qui jusqu'à la loi récente du 5 avril 1898

(1) La liberté d'association n'avait cessé d'être demandée par les écoles socialistes de la Restauration et du règne de Louis-Philippe; en 1848 elle était l'idée favorite des réformateurs de la classe ouvrière. Aussi fut-elle inscrite dans le décret du 25 février à côté de la garantie du travail.

L'Assemblée Constituante ne s'en tint pas là d'ailleurs. Voulant donner aux travailleurs un gage des dispositions qui l'animaient à leur égard, elle encouragea la formation des sociétés commerciales et industrielles d'ouvriers en prêtant à ces sociétés l'appui des fonds du Trésor. Mais cette expérience eut peu de succès.

(2) Voyez la circulaire du ministre de l'intérieur du 31 août 1848.

est resté fondamental dans la matière des sociétés de secours mutuels.

Nous ne parlerons point des dispositions contenues dans ces deux textes, car ils n'ont pour nous qu'un intérêt documentaire. Qu'il nous suffise de faire observer que depuis 1791 ce sont les premiers actes législatifs qui consacrent l'existence d'une institution ayant quelque analogie avec les associations ouvrières de l'ancien régime.

Si en 1848 l'association des travailleurs avait été l'idée favorite des réformateurs de la classe ouvrière, elle devint par la suite leur mot de ralliement et l'objet constant de leurs revendications.

Dès 1851 les délégués ouvriers envoyés en Angleterre par le gouvernement français pour y visiter l'Exposition universelle de Londres, indiquèrent dans leur rapport la liberté d'association comme étant un des principaux *desiderata* des travailleurs.

Dix ans plus tard, en 1862, les mêmes vœux furent exprimés, mais avec plus de force encore, par les délégations ouvrières envoyées à la nouvelle Exposition de Londres. De nouveau elles réclamèrent le droit pour les ouvriers de se réunir, de s'entendre et de discuter librement entre eux toutes les questions d'intérêt professionnel. Michel Chevalier appela ce rapport des délégués « le manifeste d'un pouvoir de l'État, qui n'est pas précisément mentionné dans le texte de nos constitutions, mais qui n'en existe pas moins et qui n'est pas le moindre; car il s'agit, pour parler le langage des anciens États généraux, du cahier des populations ouvrières » (1).

Émù de ces doléances, mais redoutant toutefois de leur donner une entière satisfaction, le gouvernement impérial

(1) *Journal des Débats* du 18 novembre 1864.

permit seulement aux ouvriers de se coaliser. La loi du 25 mai 1864 abrogea les articles 415 et 416 du Code pénal.

Mais le mouvement était donné, et grâce à la tolérance des pouvoirs publics (1), des syndicats ouvriers se formèrent de toute part. En même temps les idées se précisèrent, et on ne tarda pas à les considérer non seulement comme un instrument de lutte, mais aussi comme un instrument de progrès social qui, tout en permettant à l'ouvrier de réorganiser le travail, devait aussi lui fournir les moyens de constituer des caisses d'assurances mutuelles contre le chômage, la maladie, les infirmités et la vieillesse, et de créer des sociétés coopératives de production, de consommation et de crédit.

« Les Chambres syndicales, lisons-nous dans la circulaire rédigée en mai 1868 (2), par les rapports constants qu'elles établiront entre les ouvriers de chaque profession, leur apprendront à se connaître, à s'apprécier, et les prépareront ainsi à la pratique de la solidarité morale et matérielle; *elles leur permettront d'étudier sérieusement les moyens de constituer des assurances mutuelles contre le chômage, la maladie, les infirmités et la vieillesse.* C'est à cette école que les ouvriers apprendront à réorganiser le travail, à créer des sociétés coopératives de production, de consommation et de crédit, etc.

» Il est bien établi, en principe, que les syndicats ouvriers ne sont point un retour vers le passé, qu'ils ne

(1) Voyez le rapport de M. de Forcade de la Roquette qui garantit aux associations professionnelles la tolérance administrative. Ce rapport fut inséré au *Moniteur universel* du 31 mars 1868 avec la mention : « Approuvé. NAPOLÉON. »

(2) Cette circulaire émanait d'une commission d'initiative chargée, par l'assemblée des délégués ouvriers à l'Exposition de 1867, de provoquer la création de chambres syndicales d'ouvriers.

sont point une réminiscence des anciennes corporations et jurandes...

» Nous espérons, chers camarades, que comprenant l'importance de la transformation sociale et industrielle qui s'accomplit, vous répondrez à notre appel fraternel et que vous accepterez notre devise : liberté, conciliation, solidarité. »

Cet appel fut entendu et de nombreuses chambres syndicales prirent bientôt naissance. Mais malgré la tolérance administrative dont elles jouissaient et l'autorisation qui leur était parfois donnée, leur existence ne laissait pas que d'être très précaire. Au point de vue pénal, elles tombaient sous le coup de l'article 291 et de la loi du 17 juin 1791. Au point de vue civil, ces sociétés ayant un but illicite étaient nulles de plein droit, et tous leurs actes étaient en conséquence frappés de nullité.

Tolérés par le pouvoir, protégés par les mœurs, les syndicats étaient condamnés par la loi !

Cette situation se perpétua jusqu'au 21 mars 1884, époque à laquelle fut enfin promulguée une loi consacrant l'existence légale des associations professionnelles, dont le projet avait été déposé sur le bureau de la Chambre, le 22 novembre 1880.

Désormais les syndicats ou associations professionnelles, même de plus de vingt personnes, exerçant la même profession, des métiers similaires ou des professions connexes, purent se former librement, et les patrons et les ouvriers furent ainsi dotés d'un véritable privilège. Ce n'était pas là, d'ailleurs, un retour aux anciennes corporations, mais simplement la consécration et la reconnaissance de ce qui existait déjà en fait dans les chambres syndicales crées sous le second Empire. La loi écrite se mettait simplement en harmonie avec les faits.

Nous en avons fini avec la partie historique de notre étude. Nous nous sommes efforcé d'y donner une idée aussi exacte que possible de ce que les associations professionnelles du passé ont fait pour assurer à leurs membres la sécurité du lendemain; dans les chapitres qui vont suivre, nous essaierons maintenant de montrer quel grand rôle les associations professionnelles contemporaines jouent ou du moins peuvent jouer dans la question si importante des institutions de prévoyance.

QUATRIÈME PARTIE

Les Trade Unions anglaises et les Institutions de prévoyance.

Laissons le passé, venons au présent. Des associations professionnelles se forment dans tous les pays; partout les artisans se recherchent et se groupent. Quelquefois ils sont en petit nombre et les associations sont le fait d'hommes entreprenants; d'autres fois elles sont nombreuses, comptent des milliers d'adhérents et exercent sur l'industrie une influence considérable. Chose remarquable : partout l'esprit public les approuve et presque toujours le législateur les appuie.

Ces associations prennent des noms divers suivant les pays : on les appelle Trade Unions en Angleterre, Syndicats professionnels en France. Leur organisation et leur importance diffèrent; elles ont cependant ce trait commun de réunir des hommes de même profession en vue de défendre les intérêts du métier, et accessoirement d'organiser entre eux des caisses de prévoyance.

Comme les Unions anglaises sont les plus anciennes et les institutions de prévoyance dues à leur initiative les plus remarquables, c'est par elles que nous commencerons notre étude.

CHAPITRE I

GÉNÉRALITÉS SUR LES TRADE UNIONS

SECTION I

SITUATION JURIDIQUE DES TRADE UNIONS

Nées vers la fin du siècle dernier, les Unions anglaises subirent le contre-coup de notre Révolution, car le souffle destructeur qui agitait à ce moment la France se fit aussi sentir au delà du détroit. Des troubles éclatèrent parmi la population ouvrière, et le Parlement anglais prohiba les associations professionnelles, retirant ainsi aux ouvriers la liberté d'association qui était cependant le droit commun en Angleterre. Mais, bien que proscrites par la loi, les Unions d'ouvriers n'en subsistèrent pas moins sous la forme de sociétés secrètes, et les troubles redoublèrent. La lutte contre les patrons et les ouvriers dissidents prit même un caractère terrible; on assassina les personnes et on fit sauter les édifices.

Émue de ces crimes dont le nombre allait sans cesse croissant, l'opinion publique réclama une enquête pour rechercher les moyens propres à y mettre un terme. L'enquête fut ordonnée, et la surprise de tous fut grande, lorsque les commissaires déclarèrent à l'unanimité qu'à leur avis le seul moyen de faire cesser ces crimes était d'abolir les lois exceptionnelles qui proscrivaient les Unions d'ouvriers.

Convaincu par le rapport de sa commission, le Parlement se décida à abroger les lois qui punissaient les coalitions d'ouvriers, et à rendre à ces derniers le droit d'association qui leur avait été enlevé. Il le fit, par l'Act de 1824 qui, suivant l'expression de M. Lavollée, fut pour les populations ouvrières « une véritable charte d'affranchissement » (1). Cette loi reconnaissait, à la fois, le droit à la grève et la légalité des Trade Unions. Malheureusement, cette reconnaissance n'existait guère qu'en principe; en fait, les ouvriers restaient soumis, en effet, à toute une série de dispositions restrictives qui diminuaient considérablement la portée de l'Act de 1824. C'est ainsi qu'une loi de 1799 interdisait toute société qui comprendrait plusieurs branches correspondant entre elles, et qu'une autre loi de 1817 prohibait toute réunion de plus de cinquante personnes.

Les associations ouvrières se trouvaient donc placées dans une singulière situation. Elles ne pouvaient ni se concerter, ni se réunir, et comme elles n'avaient pas d'existence légale, leurs fonds n'étaient pas protégés contre l'infidélité de leurs agents.

Cette situation se perpétua ainsi, sans changement, jusqu'en 1846, époque à laquelle les deux premières de ces entraves légales furent supprimées. Restait la troisième et peut-être la plus gênante, celle qui résultait du défaut de protection des fonds des associations ouvrières. Elle ne devait disparaître qu'en 1871, à la suite de la célèbre enquête parlementaire sur les actes des Trade Unions, provoquée par les attentats commis vers 1867, dans la ville de Sheffield.

L'Act du 29 juin 1871, complété par celui du 30 juin 1876, reconnaît et consacre formellement l'existence des Unions de métiers.

Aux termes de ces lois, les ouvriers et les patrons peuvent

(1) *Les Classes ouvrières en Europe*, t. III, p. 65.

librement s'associer pour défendre leurs intérêts communs, même par la grève, pourvu qu'elle ne soit pas accompagnée de violences. Toute Union de métiers peut établir entre ses membres certaines règles communes de commerce ou de travail, percevoir des souscriptions ou des amendes, etc.; néanmoins, elle ne peut pas forcer judiciairement ses membres à observer les règles contenues dans ses statuts, ni à payer leurs cotisations; elle ne peut que les exclure de son sein. De plus, tout associé peut quitter l'association quand bon lui semble et malgré toute clause contraire; mais il perd alors, comme d'ailleurs dans le cas précédent, tous les avantages que lui assurait sa présence dans l'association.

La loi n'exige aucune formalité pour la constitution des Trade Unions; cependant, celles qui veulent former une personne morale et avoir, par suite, la capacité civile, doivent faire enregistrer leurs statuts. Un fonctionnaire spécial, le *Registrar*, examine ces statuts, avertit leurs auteurs des irrégularités et des illégalités qui peuvent s'y trouver, et les enregistre quand ils sont conformes à la loi. La seule obligation imposée à ces Unions est de faire connaître chaque année au Registrar le nombre de leurs membres et le chiffre de leur capital. Moyennant l'accomplissement de ces quelques formalités, elles deviennent personnes morales, peuvent ester en justice et posséder des biens de toute nature, même des immeubles d'une contenance ne dépassant pas un acre.

Enfin, et c'est un point sur l'importance duquel il est superflu d'insister, tous les biens des Unions sont protégés par la loi, quelles qu'en soient la nature et l'affectation : la loi de 1871 a supprimé la distinction établie à cet égard entre les fonds de secours et les fonds de grève; elle n'oblige plus à les séparer dans la comptabilité et ne refuse pas la garantie légale aux seconds.

Sous le régime de ces dispositions législatives, le nombre des Unions anglaises s'est rapidement accru, de telle sorte qu'en 1892 elles comptaient, d'après M. Sidney Webb, 1,507,026 membres (1).

SECTION II

ORGANISATION ET CARACTÈRE DES TRADE UNIONS

La constitution et la forme du gouvernement des Trade Unions sont essentiellement démocratiques. Tous les membres une fois initiés sont sur un pied d'égalité absolue. Réunis en assemblée générale, ils décident des questions financières, fixent les statuts et nomment chaque année les dignitaires et les membres du conseil qui est chargé de l'administration de la société, des relations avec les patrons, des décisions relatives aux grèves, des indemnités, des admissions et des radiations.

Les petites Unions se gouvernent directement; les membres, étant peu nombreux et habitant la même ville, se réunissent périodiquement. Quant aux grandes Unions, qui comptent de nombreuses branches ou loges, elles ne s'administrent pas de la même manière. Chaque loge a en principe son administration et ses finances à part. Mais les décisions importantes, comme celles qui ont pour objet la déclaration ou la clôture d'une grève, sont prises par un comité central formé des délégués des branches, ou plutôt de leurs dignitaires. Quelquefois les décisions de ce comité, ou quelques-unes seulement, doivent pour être définitives recevoir la sanction des loges, en cas de réclamation d'un certain nombre d'entre elles.

Ainsi constituées, les Trade Unions sont, avant tout, des associations de résistance; leur but principal est la défense

(1) *Histoire du Trade Unionisme*, p. 554.

des intérêts professionnels de leurs membres. Ce but, elles cherchent à l'atteindre en faisant tous leurs efforts pour porter et maintenir les salaires au taux le plus élevé que l'industrie semble pouvoir comporter, en demandant la réduction des heures de travail, l'abolition des heures supplémentaires, la réglementation du travail à la pièce, la suppression du marchandage, etc. Mais la plupart d'entre elles, uniquement fondées en vue des grèves, n'ont pas tardé à s'adjoindre des institutions d'assistance et de prévoyance qui maintenant absorbent la plus grande partie de leurs ressources.

SECTION III

FORCE NUMÉRIQUE DES TRADE UNIONS

« En 1861, dit M. Howel, quand on établit le premier guide des Trade Unions, il existait au moins 2,000 Unions, qui devaient compter 1,000,000 ou 1,200,000 membres. A cette époque, dans chaque profession il existait de nombreuses corporations locales étrangères les unes aux autres. Les Sociétés agglomérées ou les Fédérations étaient encore dans l'enfance. » On ne trouve guère, en effet, antérieurement à 1860, qu'un seul essai de fédération fait vers 1850 par les ouvriers appartenant aux diverses branches de l'industrie des machines qui fondirent leurs Unions locales dans une seule grande association, connue depuis sous le nom de Société des mécaniciens réunis. Cette tentative resta isolée jusqu'après 1860; mais à partir de ce moment, il y eut une tendance à fondre toutes les Unions locales dans de grandes fédérations embrassant l'ensemble de la profession. Quand la fusion ne pouvait se faire, on fondait de nouvelles Unions qui absorbaient les Unions locales et les transformaient en branches ou loges de l'association ainsi formée.

Ce mouvement fédératif explique comment aujourd'hui il existe moins d'Unions ayant une existence distincte qu'il y a trente ans, alors que, cependant, la force et la puissance des Unions, loin de diminuer, ont augmenté dans des proportions considérables.

Pour nous rendre compte de cette augmentation progressive de la force numérique des Trade Unions, prenons comme exemple quelques sociétés choisies parmi les plus importantes, et voyons quel était leur effectif à trois dates différentes séparées l'une de l'autre par un intervalle de dix ans.

NOMS DES SOCIÉTÉS	NOMBRE DES MEMBRES		
	1869	1879	1889
Mécaniciens réunis............	33.539	44.078	60.728
Fabricants de machines à vapeur.	2.885	4.071	5.500
Chaudronniers et Construct^rs de navires	6.805	16.998	29.993
Fondeurs en fer..............	8.990	12.276	13.805
Mouleurs en fer (Écosse).......	2.432	4.519	5.992
Forgerons....................	1.509	2.118	2.077
Charpentiers et Menuisiers....	9.305	17.350	26.472
Maçons en pierre.............	23.036	15.350	11.306
Ouvriers briquetiers..........	3.020	5.874	8.189
Tailleurs réunis..............	3.994	13.888	15.276
Compositeurs de Londres.... .	3.300	4.930	7.955
Association des Typographes...	2.266	5.150	8.388
Union des Carrossiers.........	5.719	6.908	4.983
TOTAL, 13 sociétés...	105.216	155.184	200.666

Comme on le voit, le nombre des membres de ces treize sociétés a beaucoup augmenté dans la période qui s'étend de 1869 à 1889, et il est à remarquer que les progrès ont été surtout sensibles dans les sociétés constituées sur les bases les plus larges, comme les mécaniciens, les fabricants de machines à vapeur, les fondeurs en fer, les chaudronniers, les charpentiers et menuisiers, les tailleurs et les compositeurs. Toutes ces sociétés, nous ne tarderons pas à le voir, en effet, ont organisé dans leur sein un système complet d'institutions de prévoyance.

D'autre part, si nous en croyons M. Sidney Webb (1), le nombre total des trade-unionistes dans le Royaume-Uni, à la fin de 1892, dépassait certainement 1,500,000, sans atteindre cependant 1,600,000 (2). Voici d'ailleurs, d'après cet auteur, dans quelle proportion les industries principales contribuent aux forces totales des Trade Unions.

NOMS des Industries	Angleterre et Galles (3)	Écosse	Irlande	TOTAL (4)
Mécaniciens et Métallurgistes.........	233.450	45.300	8.250	287.000
Métiers du bâtiment.	114.500	24.950	8.550	148.000
Mines.............	325.750	21.250	—	347.000
Manufactures textiles	184.270	12.330	3.400	200.000
Industrie du vêtement et du cuir..	78.650	8.400	2.950	90.000
Industrie de l'imprimerie............	37.950	5.650	2.400	46.000
Artisans divers.. ..	46.550	7.450	4.000	58.000
Journaliers et métiers du transport.....	302.880	21.670	10.450	335.000
TOTAUX...	1.324.000	147.000	40.000	1.511.000

(1) *Histoire du Trade Unionisme*, p. 463 et suiv.

(2) D'après le *Report by the Chief Labour correspondent of the Board of Trade Unions in 1897*, le nombre des ouvriers affiliés aux Trade Unions était de 1,609,909 à la fin de cette année.

(3) Y compris les îles anglo-normandes et l'île de Man qui contiennent ensemble environ 1,285 trade-unionistes.

(4) Dans le total sont comprises 99,650 femmes, réparties entre 52 Unions et distribuées entre les groupes de la manière suivante :

Mécaniciens et Métallurgistes................	2.850
Bâtiment et Ameublement....................	300
A reporter......	3.150

SECTION IV

REVENUS ANNUELS DES TRADE UNIONS

Puissantes par le nombre de leurs membres, les Trade Unions le sont encore par l'importance de leur fortune. Leurs revenus s'élèvent chaque année à des milliers de livres sterling; ils proviennent en majeure partie des cotisations payées hebdomadairement par leurs membres. Dans un très grand nombre de sociétés, les cotisations s'élèvent en moyenne à près d'un shilling, soit 1 fr. 25 environ, par semaine. Dans certaines sociétés cette moyenne hebdomadaire est dépassée, mais dans quelques autres aussi les versements sont un peu plus faibles. Enfin dans les Unions uniquement fondées en vue des grèves, dans les Unions de combat, comme on les appelle, la cotisation hebdomadaire atteint seulement le quart de cette somme; mais aussi ces Unions ne font bénéficier leurs membres ni de secours en cas de maladie ou d'accident, ni de pensions de retraite pour la vieillesse; elles se bornent à les soutenir dans les cas de grève ou de *lock-out*. Les autres au contraire n'exigent des cotisations aussi élevées, que parce que, outre les secours qu'elles donnent en cas de grève, elles subviennent encore aux charges de multiples institutions d'assistance mutuelle qui procurent à leurs membres des avantages plus étendus et plus durables.

Report.......	3.150
Mines....................................	»
Industries textiles.........................	80.900
Vêtements et cuir..........................	8.650
Imprimerie................................	400
Divers.....................................	3.450
Journaliers et transports.....................	3.100
Total.....	99.650

Le tableau suivant va nous montrer à quels chiffres se sont élevés les revenus des sociétés déjà citées, dans les trois années que nous avons déjà prises comme points de comparaison.

NOMS DES SOCIÉTÉS	REVENU TOTAL		
	1869	1879	1889
	£	£	£
Mécaniciens réunis............	82.406	135.267	183.651
Fabricants de machines à vapeur.	7.091	10.618	15.303
Chaudronniers et Construct^rs de navires	—	46.974	104.523
Fondeurs en fer...............	33.513	43.104	39.800
Mouleurs en fer (Écosse).......	6.478	14.123	20.983
Forgerons..........	2.181	3.352	4.585
Charpentiers et Menuisiers.....	21.802	39.854	75.869
Maçons en pierre..............	21.835	31.213	19.043
Ouvriers briquetiers...........	1.366	8.270	12.696
Tailleurs réunis.......	—	17.517	20.953
Compositeurs de Londres......	4.366	7.712	14.242
Association des Typographes...	—	6.616	9.667
Société des Carrossiers........	10.285	30.699	10.971
TOTAL.....£.	192.787	395.319	531.486
Soit en valeurs françaises...F.	4 819.675	9.882.975	13.287.150

Dans ces dernières années les revenus des Trade Unions ont encore augmenté. En effet, si nous en croyons les statistiques publiées par les soins du *Labour Department*, le total de leurs recettes, qui était de 36,397,175 francs en 1892, s'est élevé, en 1897, à 49,549,275 francs (soit en 6 ans, une augmentation de 36.1 %); sur cette somme, 43,615,000 francs sont le produit des cotisations.

Si les revenus des Unions sont considérables, leurs

dépenses sont considérables elles aussi (1); quelquefois même elles dépassent les recettes; mais, hâtons-nous de le dire, cela n'arrive guère que dans les années de crises. En 1879 et en 1893 par exemple, toutes les sociétés dépensèrent plus que leurs revenus, tant, ces années-là, furent nombreux et considérables les secours distribués par leurs caisses de prévoyance et notamment par leurs caisses de chômage. Dans les années ordinaires au contraire, les dépenses sont toujours moindres que les recettes. Cela permet aux Unions d'avoir un fonds de réserve dont l'importance va sans cesse grandissant et grâce auquel elles peuvent envisager l'avenir avec confiance.

(1) Le chiffre des dépenses, qui était de 35,457,775 francs en 1892, s'est élevé à 47,401,800 francs en 1897. En six ans, il a donc augmenté de 33.7 %.

CHAPITRE II

DES INSTITUTIONS DE PRÉVOYANCE DUES A L'INITIATIVE DES TRADE UNIONS

« C'est vers 1824 à 1834, nous dit M. Howel, que les institutions de prévoyance commencent à pénétrer dans les Trade Unions, mais elles ne figurent encore comme partie intégrante des statuts que dans un très petit nombre de sociétés. Parmi celles qui cherchèrent les premières à combiner un système de prévoyance et d'assistance mutuelle avec la défense des intérêts professionnels, on peut citer les constructeurs de machines à vapeur, les fondeurs en fer et quelques autres encore. » Le but de ces institutions était d'ailleurs très limité à l'origine; il se bornait à assurer aux membres de la Trade Union des funérailles décentes, et quelquefois aussi des secours en cas de maladie et de détresse. Plus tard, au fur et à mesure que les Trade Unions progressèrent et se développèrent, elles comprirent l'importance qu'il y avait pour elles à donner une place aussi grande que possible à ces institutions de prévoyance qui leur permettaient de consolider leur pouvoir, tout en réservant leur énergie pour les conflits industriels qu'elles étaient destinées à affronter.

Plusieurs raisons durent, d'ailleurs, concourir à déterminer les premières Unions à adopter un système d'assurances mutuelles comme partie intégrante ou comme complément de leur organisation.

Ce fut d'abord ce fait que les sociétés de secours mutuels, ayant été reconnues et encouragées par la loi anglaise dès les dernières années du XVIIIe siècle, offraient une sorte d'abri aux associations naissantes, qui, elles, étaient proscrites. N'était-il pas naturel, en second lieu, que des sociétés exclusivement composées d'ouvriers inscrivissent dans leurs statuts quelques mesures de prévoyance contre les accidents qui menacent sans cesse l'existence des travailleurs, comme la maladie et le chômage? En troisième lieu, les premières Unions avaient beaucoup de peine à maintenir leurs associés, car le lien qui les unissait était faible et insuffisant. Créées en vue de soutenir une grève, les Unions voyaient le plus souvent leurs membres se retirer lorsqu'elle avait pris fin. En quatrième lieu, enfin, les fonds appartenant aux Unions n'étaient pas protégés, tandis que ceux des sociétés de secours mutuels étaient garantis légalement, et cette considération, qui avait surtout de l'importance il y a cinquante ou soixante ans, a persisté jusqu'en 1867 et même jusqu'en 1870.

Quoi qu'il en soit, les institutions de prévoyance fondées par les Trade Unions ont pris rapidement une extension considérable. Accidents, maladies, vieillesse, chômages, indemnités funéraires, secours aux veuves et aux orphelins, tout est prévu, tout est assuré par les Trade Unions qui depuis bien des années déjà consacrent à cet objet la plus grande partie de leurs ressources. « Il ressort en effet, dit M. Reinaud, des discours prononcés en 1883 au Congrès des Trade Unions à Nottingham, que dans les six années de 1876 à 1881, sept des plus importantes associations ont dépensé plus de 50 millions en secours de toutes sortes; un dixième seulement de cette somme énorme correspond au budget des grèves; et encore les orateurs faisaient-ils remarquer que le chiffre des sommes consacrées aux grèves ne devait pas être considéré comme normal : celles-ci ne s'élèvent en général qu'à 2 °/₀ des ressources disponibles des Unions (1). »

Ce sont ces diverses institutions de prévoyance que nous allons décrire, en prenant comme types un petit nombre d'Unions choisies parmi les plus nombreuses et les mieux organisées.

SECTION I

CAISSE DES FUNÉRAILLES

Si nous commençons par l'étude de cette assurance, c'est parce qu'elle est la première en date, et qu'elle remonte, nous l'avons vu, aux formes les plus primitives des associations de travailleurs. Elle existait dans les collèges romains; nous la trouvons aussi dans les premières ghildes; et, de là, elle s'est perpétuée à travers les âges, de telle sorte qu'il serait difficile de trouver une Union professionnelle, soit dans le passé, soit dans le présent, dont les statuts ne contiennent pas quelque disposition pour assurer à ses membres une sépulture décente.

D'ailleurs, pour la population ouvrière anglaise, il n'y a peut-être pas un point plus sensible que l'idée d'être enterré aux frais de la paroisse, et ce qui montre bien la répulsion qu'éprouvent les travailleurs d'outre-Manche pour un enterrement de pauvre et pour la fosse commune, c'est l'existence de nombreux *Burial Clubs* ou sociétés d'assurances s'occupant des funérailles, qui recueillent chaque année, dans ce seul but, un chiffre énorme de cotisations.

Les sommes versées pour les frais funéraires varient suivant

(1) Émile Reinaud, *les Syndicats professionnels*, p. 34.

les Unions. Presque toutes paient une indemnité au décès de la femme de l'associé aussi bien qu'à celui de l'associé lui-même, mais cette indemnité est généralement moitié moindre.

Voici le chiffre de l'indemnité que donnent quelques Unions :

NOMS DES SOCIÉTÉS	A la mort d'un membre associé	A la mort de sa femme
	£	£
Mécaniciens réunis..............	12	6
Ouvriers en machines à vapeur....	12	6
Chaudronniers et Constructeurs de navires	12	6
Fondeurs en fer..................	10	5
Charpentiers et Menuisiers........	12	5
Tailleurs de pierre..............	10	6
Ouvriers briquetiers.............	10	5
Tailleurs réunis..................	6	4
Société des Compositeurs de Londres	15	5
Ouvriers plâtriers...............	10	6
Association des Typographes......	10	rien.

Comme on le voit, le chiffre des sommes versées à titre d'indemnité funéraire, à la mort d'un membre associé, oscille entre 10 et 12 livres sterling; il atteint même 15 livres sterling dans la Société des Compositeurs de Londres, mais c'est là une exception; et l'indemnité payée à la mort de la femme de l'associé varie de 4 à 6 livres sterling.

Les sommes portées dans le tableau précédent représentent à peu près le taux moyen des secours payés par la plupart des Unions de la Grande-Bretagne. Le tableau suivant va nous montrer à quels chiffres se sont élevées les dépenses faites de ce chef par les Unions précitées et quelques autres encore dans les années 1869, 1879 et 1889.

NOMS DES SOCIÉTÉS	1869	1879	1889
	£	£	£
Mécaniciens réunis...........	5.600	7.387	8.289
Ouvriers en machines à vapeur.	565	617	1.011
Chaudronniers et Construct[rs] de navires	1.138	2.379	3.993
Fondeurs en fer...............	1.355	2.160	2.117
Forgerons associés............	149	170	198
Charpentiers et Menuisiers réunis...	829	2.003	2.901
Ouvriers tailleurs de pierre.....	3.356	4.976	2.175
Ouvriers briquetiers..........	297	741	1.003
Ouvriers plâtriers............	581	512	378
Tailleurs réunis..............	261	2.515	2.688
Société des Compositeurs de Londres.	383	986	1.374
Association des Typographes...	rien	628	718
Société des Carrossiers........	1.471	1.691	996
Mouleurs en fer (Écosse).......	1.156	1.750	1.827

Voici maintenant le chiffre global auquel se sont élevées les dépenses faites par les 100 principales Unions, du chef de leur caisse des funérailles, pendant les cinq dernières années pour lesquelles nous possédons des renseignements officiels (1) :

1892	F.	1.742.651 56
1893		1.912.810 10
1894		1.761.516 12
1895		1.921.890 10
1896		1.901.461 90

(1) Ces renseignements proviennent des statistiques dressées par les soins du *Labour Department* et qui sont reproduites dans le numéro de février 1898 du *Bulletin de l'Office du Travail.*

Enfin, si au lieu de prendre les chiffres d'une année isolée, nous prenons le total des sommes versées depuis leur création par les 14 sociétés précitées jusqu'en 1889, nous pourrons encore mieux nous rendre compte de l'importance qu'a cette assurance dont les effets se font sentir pour les pauvres gens à l'heure où la détresse est la plus profonde.

NOMS DES SOCIÉTÉS	Nombre d'années	TOTAL
		£
Société des Mécaniciens réunis..........	39	209.917
Fabricants de machines à vapeur........	36	17.825
Chaudronniers et Constructeurs de navires	23	51.579
Fondeurs en fer......................	58	61.541
Mouleurs de fer (Écosse)...............	45	44.228
Forgerons associés....................	32	5.203
Charpentiers et Menuisiers réunis.......	30	43.729
Ouvriers tailleurs de pierre............	50	92.747
Ouvriers briquetiers..................	20	13.616
Ouvriers plâtriers....................	28	12.804
Tailleurs réunis......................	22	44.081
Société des Compositeurs de Londres....	22	16.098
Association des Typographes...........	17	9.227
Société des Carrossiers................	22	31.148
TOTAL, 14 sociétés....		653.743
Soit en valeurs françaises...F.		16.343.575

Ainsi, depuis leur création jusqu'en 1889, c'est-à-dire depuis moins d'un demi-siècle, les 14 sociétés précitées ont employé en indemnités funéraires la somme énorme de 653,743 livres sterling, soit 16,343,575 francs!

SECTION II

CAISSES DE MALADIE

Ces caisses sont de création relativement récente en Angle terre. Cependant, longtemps avant leur apparition, on distribuait des secours, mais ces secours n'avaient rien de régulier, et si à l'occasion on venait en aide aux malades, c'était « au moyen de loteries, de souscriptions, de tombolas, de réunions amicales » (1). Ce procédé est d'ailleurs encore en usage dans quelques professions qui n'ont pas constitué ce système d'assurance dans leurs Unions.

L'usage des caisses de maladies commença à se répandre dans les Trade Unions pendant la première moitié de notre siècle. C'est ainsi que dès 1830, la Société des fondeurs de fer eut sa caisse de maladies et que le montant des secours payés par elle l'année suivante s'élevait déjà à 580 livres sterling 10 shillings 6 deniers. La Société des ouvriers en machines à vapeur a elle aussi des comptes rendus de sa caïsse de maladies, antérieurs à 1850.

Quoi qu'il en soit, nous devons cependant reconnaître que pour tout ce qui concerne l'organisation pratique, l'institution des caisses de maladies est de date presque contemporaine, car elle ne remonte pas au delà de 1850.

L'allocation donnée par semaine de maladie est variable; elle est payée pendant une période de treize semaines au minimum et de vingt-six semaines au maximum ; au bout de ce temps elle est réduite et se continue pendant une nouvelle période. Les mécaniciens réunis donnent un secours hebdomadaire de 10 shillings, les ouvriers en machines à vapeur

(1) HOWEL, *le Passé et l'avenir des Trade Unions*, traduit par Le Cour-Grandmaison, p. 102.

10 shillings également, ainsi que les chaudronniers et les constructeurs de navires. Les fondeurs en fer donnent 9 shillings, les charpentiers 12 shillings, les maçons 10 shillings, les briquetiers 15 shillings, et les tailleurs 12 shillings.

Le tableau ci-après va nous donner le total des sommes payées par la caisse de maladies des sociétés dont nous avons déjà parlé, pendant les trois années que nous avons prises comme points de comparaison.

NOMS DES SOCIÉTÉS	TOTAL DES VERSEMENTS faits dans l'année		
	1869	1879	1889
	£	£	£
Mécaniciens réunis	17.777	20.514	30.992
Ouvriers en machines à vapeur	1.609	2.295	2.802
Chaudronniers et Construct^rs de navires	5.164	14.729	19.216
Fondeurs en fer	3.734	6.261	6.441
Mouleurs en fer (Écosse)	Il n'y a pas de caisse de maladies		
Forgerons associés	661	1.074	1.076
Charpentiers et Menuisiers réunis	5.008	11.008	15.822
Ouvriers tailleurs de pierre	2.891	5.842	2.175
Ouvriers briquetiers	272	2.930	4.591
Ouvriers plâtriers	pas créée	1.707	809
Tailleurs réunis	901	7.666	8.864
Association des Typographes	Il n'y a pas de caisse de maladies		
Société des Carrossiers	rien	612	371
TOTAL, 11 sociétés	38.017	74.637	93.159
Soit en valeurs françaises..F.	950.325	1.865.925	2.328.975

Le tableau suivant, en indiquant le montant total des versements faits depuis la création des caisses de maladies par les sociétés que nous avons citées, jusqu'en 1889, fera mieux voir encore l'importance des services rendus par cette institution qui, en dehors de toute intervention de l'État, permet à la classe ouvrière de s'assurer la sécurité du lendemain, et il nous donnera une idée des résultats obtenus par ce que les Anglais appellent le *self-help*, c'est-à-dire par l'assistance due à l'effort personnel.

NOMS DES SOCIÉTÉS	Années	Total des versements	Dépense approximative par membre et par an
Mécaniciens réunis............	39	680.314 £	11 § 10 d.
Ouvriers constructeurs de machines.	36	60.592	10 5 1/2
Chaudronniers et Constructrs de navires	23	291.278	15 7
Fondeurs en fer...............	29	208.628	10 6 1/2
Mouleurs en fer (Écosse).......	Il n'y a pas de caisse de maladies		
Forgerons associés............	32	26.293	12 2 1/2
Charpentiers et Menuisiers.....	30	239.665	13 2 1/2
Ouvriers tailleurs de pierre.....	50	120.484	1 £ 6 7
Ouvriers briquetiers...........	20	54.474	13 10
Ouvriers plâtriers.............	28	21.792	14 9 1/2
Tailleurs réunis...............	22	131.631	13 3 1/2
Société des Compositeurs de Londres	Il n'y a pas de caisse de maladies		
Association des Typographes...	Il n'y a pas de caisse de maladies		
Société des Carrossiers........	22	5.360	15 8 1/2
TOTAL, 11 sociétés....		1.840.511	
Soit en valeurs françaises...F.		46.012.775	

Disons enfin que durant ces dernières années les dépenses occasionnées aux 100 principales Unions, du chef de leurs caisses de maladies, se sont élevées en :

1892 . . . . à F.	5.361.425
1893	5.904.975
1894	5.647.200
1895	5.945.025
1896	6.212.644

Comme on a pu le remarquer en voyant les tableaux ci-dessus annexés, certaines Unions parmi les plus anciennes n'ont pas créé de caisses de maladies. L'Union des mouleurs en fer d'Écosse, la Société des compositeurs de Londres, et l'Association des typographes, sont dans ce cas. « Elles se contentent, nous dit M. Howel, des facilités qui sont offertes à leurs adhérents par d'autres sociétés du même genre. » Mais ces quelques exceptions ne sauraient faire douter un seul instant de l'utilité des caisses de maladies fondées par l'association professionnelle elle-même, car, sans parler des magnifiques résultats qu'elles ont donnés, elles créent entre les Unions et leurs membres un lien essentiellement durable, que rien ne peut remplacer, tandis qu'à leur défaut, d'autres considérations peuvent venir diminuer le zèle de ces derniers, les engager à négliger le paiement de leur cotisation, et entraîner ainsi leur radiation de l'association.

SECTION III

CAISSES DE VIEILLESSE

Cette institution est une des dernières que les Trade Unions se soient adjointes.

L'âge auquel la retraite commence à être accordée aux vieux trade-unionistes, et la valeur de cette retraite, varient beaucoup suivant les sociétés. Disons cependant tout de suite que souvent elle est assez élevée pour assurer l'existence du bénéficiaire, et que dans tous les cas elle lui empêche bien des privations, surtout quand sa famille peut lui apporter quelque secours ou quand il peut lui-même travailler encore un peu. Quelques exemples indiqueront quel est le taux moyen des secours dans la plus grande partie des Unions.

Le secours hebdomadaire varie, suivant la durée de la participation à la société :

	au maximum		au minimum
Chez les Mécaniciens.....................de	10 $	à	7 $
Chez les Constructeurs de machines..........	10	à	6
Chez les Briquetiers........................	9	à	5
Chez les Charpentiers et Menuisiers..........	8	à	7
Dans la Société des Compositeurs de Londres..	8	à	4
Dans la Société des Typographes.............	7 6 d.	à	5
Chez les Chaudronniers et Constructeurs de navires..	7	à	4
Chez les Tailleurs de pierre................	5	à	2 2 d.

Le tableau suivant nous montrera combien ces caisses se sont développées pendant les vingt années comprises de 1869 à 1889; il nous montrera aussi combien leurs charges se sont accrues durant la même période.

NOMS DES SOCIÉTÉS	TOTAL DES VERSEMENTS faits dans l'année		
	1869	1879	1889
	£	£	£
Mécaniciens réunis............	8.055	17.730	40.170
Constructeurs de machines.....	321	870	1.818
Chaudronniers et Construct[rs] de navires	829	1.580	5.017
Fondeurs en fer	1.797	3.727	7.935
Mouleurs en fer (Écosse).......	521	1.493	3.252
Forgerons associés...........	débute en 1876	46	223
Charpentiers et Menuisiers réunis...	60	445	5.026
Ouvriers tailleurs de pierre....	985	6.939	4.404
Ouvriers briquetiers	débute en 1882		204
Ouvriers plâtriers............	débute en 1880		285
Tailleurs réunis..............	débute en 1880		1.060
Société des Compositeurs de Londres	débute en 1877	408	1.177
Association des Typographes...	débute en 1880		1.612
Société des Carrossiers........	1.196	2.787	3.971
TOTAL, 14 sociétés....	13.764	35.617	76.154
Soit en valeurs françaises..F.	344.100	890.425	1.903.850

Comme on le voit par le tableau ci-dessus, les charges résultant du service des retraites ont rapidement augmenté pour les Unions. Ainsi les mécaniciens réunis paient, en 1889, 32,125 livres sterling de retraites de plus qu'en 1869, et le nombre de leurs membres, pendant cette même période, ne s'est accru que de 27,189. De même les Fondeurs en fer ont eu de ce chef, pendant ce même laps de temps, une augmentation de 6,138 livres sterling de dépenses, tandis que leur association ne s'accroissait que de 4,815 membres.

Parmi les nombreuses sociétés qui depuis trente ans ont inscrit dans leurs statuts le principe d'une caisse de retraites pour la vieillesse, quelques-unes n'ont pas encore commencé à payer des pensions. La Société des tailleurs réunis, par exemple, a spécifié qu'elle ne commencerait ses paiements qu'au bout d'une période de douze ans; d'autres encore ont assigné un délai plus ou moins long, suivant les cotisations versées.

Disons enfin que, d'après la statistique dressée par les soins du *Labour Department* (1), les dépenses occasionnées aux 100 principales Unions par le service des retraites se sont élevées en :

1892 . . à F.	2.574.492 82
1893	2.830.995 44
1894	3.078.101 »
1895	3.316.707 42
1896	3.580.811 26

Voici maintenant le total des sommes déboursées par les différentes Unions dont nous avons déjà parlé, depuis que

(1) Voyez le *Bulletin de l'Office du Travail*, février 1898.

leurs caisses de retraites pour la vieillesse ont commencé à fonctionner, jusqu'en 1889 :

NOMS DES SOCIÉTÉS	Nombre d'années	Total des versements.	Coût moyen approximatif par membre et par an.
Mécaniciens réunis............	39	482.270 £	13 £ 2 1/2
Ouvriers constructeurs de machines..	38	22.990	6 2
Chaudronniers et construct^rs de navires	23	49.257	3 1
Fondeurs en fer..............	54	111.268	11 6
Mouleurs en fer (Écosse).......	45	38.597	9 6 1/2
Forgerons associés	14	1.989	2 0 1/2
Charpentiers et Menuisiers réunis...	30	27.029	2 6 1/2
Ouvriers tailleurs de pierre....	50	84.313	7 6 1/2
Ouvriers briquetiers..........	8	921	1 6
Ouvriers plâtriers............	10	3.745	4 3 1/2
Tailleurs réunis..............	9	1.744	6
Société des Compositeurs de Londres	13	100.246	3 2 1/2
Association des Typographes...	10	9.886	3 4
Société des Carrossiers	22	50.821	14 3
Total, 14 sociétés..		895.076	
Soit en valeurs françaises........F.		22.376.800	

Le développement de ces caisses nous montre à quel point est vivace, chez les ouvriers du Royaume-Uni, le désir de s'assurer des ressources pour la vieillesse, grâce à l'épargne et à la pratique de la mutualité.

Mais, si à ce point de vue les résultats obtenus par les caisses de retraites pour la vieillesse sont des plus encourageants, n'y a-t-il pas lieu, par contre, d'être effrayé de la dépense additionnelle et toujours croissante qui en résulte pour les Unions et qui, d'année en année, augmente dans une proportion considérable et fatale? Jusqu'ici, sans doute, elles ont pu faire face à leurs engagements, et dans aucun cas les traites tirées sur elles n'ont été protestées, mais en sera-t-il longtemps ainsi? En un mot, ces caisses reposent-elles sur une base vraiment scientifique, et leurs fondateurs se sont-ils suffisamment préoccupés des chances de survie? A voir les critiques dont elles sont l'objet de la part des hommes qui ont fait des statistiques de mortalité leur étude spéciale, et qui ont établi avec le plus grand soin des tables comparatives de la durée de la vie humaine dans des conditions déterminées et variables, c'est ce dont il est permis de douter.

Quoi qu'il en soit, cette réserve une fois faite, admirons sans restriction les effets bienfaisants de cette institution qui permet aux ouvriers restés fidèles à leurs Unions de jouir non seulement sans remords, mais avec un sentiment d'orgueil légitime, de la pension que la société leur donne pour adoucir leurs vieux jours.

SECTION IV

CAISSE D'ASSURANCE CONTRE LES ACCIDENTS

Cette caisse ne fonctionne que dans les professions les plus dangereuses. Avec la caisse des chômages dont nous allons bientôt parler, elle est la plus récente de toutes les institutions de prévoyance créées par les Trade Unions.

Comme toujours, l'indemnité payée varie suivant les sociétés; elle varie aussi selon que les blessures occasionnées par l'accident ont entraîné une incapacité totale de travail, ou seulement une incapacité partielle. Dans le premier cas, elle est plus forte de moitié que dans le second. Les mécaniciens réunis, les constructeurs de machines, les fondeurs en fer, les chaudronniers et constructeurs de navires, les charpentiers et menuisiers réunis, donnent 100 livres sterling en cas d'incapacité totale, et 50 livres sterling en cas d'incapacité partielle. Les briquetiers et les plâtriers ne donnent que 50 livres sterling, et les mouleurs en fonte d'Écosse paient seulement les frais funéraires. Enfin, les forgerons associés donnent, en cas d'accident, une indemnité moindre que les précédentes Unions.

Le tableau suivant montre le chiffre des indemnités payées par les caisses d'accidents des Unions que nous avons énumérées, aux dates déjà prises comme points de comparaison.

NOMS DES SOCIÉTÉS	TOTAL DES VERSEMENTS faits dans l'année		
	1869	1879	1889
	£	£	£
Mécaniciens réunis...........	1.600	1.800	2.177
Constructeurs de machines	500	120	200
Chaudronniers et Constructrs de navires	240	201	3.155
Fondeurs en fer..............	32	944	771
Charpentiers et Menuisiers réunis...	500	1.500	1.320
Ouvriers tailleurs de pierre	2.787	872	200
Ouvriers briquetiers	rien	50	166
Ouvriers plâtriers............	494	509	195
Forgerons associés	193	rien	rien
Total, 9 sociétés....	6.336	5.996	8.184
Soit en valeurs françaises...F.	158.650	149.800	205.400

Grâce à l'indemnité qu'il reçoit de l'Union dont il fait partie, l'ouvrier qui a été victime d'un accident professionnel peut souvent fonder un petit commerce, et gagner ainsi son pain de tous les jours, tandis que, sans cela, il serait le plus souvent réduit au work-house.

Fidèles à notre méthode, nous allons dans un second tableau donner le total des sommes déboursées par les différentes Unions dont nous avons parlé, depuis le jour où elles ont créé leurs caisses d'accidents jusqu'au 31 décembre 1889.

NOMS DES SOCIÉTÉS	Nombre d'années	Total des versements	Coût approximatif par membre et par an.
Mécaniciens réunis	39	52.630 £	9 $ 1/2
Constructeurs de machines	38	8.116	7 1/2
Chaudronniers et Construct^rs de navires	23	26.600	1 £ 11 1/2
Fondeurs en fer	43	32.830	7 1/2
Charpentiers et Menuisiers réunis	50	25.040	1 £ 2 1/2
Ouvriers tailleurs de pierre	50	31.679	5
Ouvriers briquetiers	20	791	7 1/2
Ouvriers plâtriers	28	10.340	2 11
Forgerons associés	22	2.346	5 1/2
Société des Carrossiers	22	4.822	5 1/2
Total, 10 sociétés		195.434	
Soit en valeurs françaises..F.		4.885.850	

D'après les statistiques publiées par le *Labour Department*, et reproduites dans le *Bulletin de l'Office du Travail*, les dépenses occasionnées aux 100 principales Unions par leurs caisses d'accidents se sont élevées en :

1892 . . . . . à F.	445.475
1893	640.900
1894	586.900
1895	651.600

Comparés aux versements faits par les autres caisses, les versements effectués par les caisses d'assurances contre les accidents, sont, on le voit, bien moins considérables.

Quelle explication donner à cela?

M. Howel croit que l'importance moindre de ces caisses, comparée à celle des autres institutions de prévoyance dues à l'initiative des Trade Unions, tient surtout au vote de la loi de 1880 sur la responsabilité des patrons. Cette explication ne nous semble pas, quant à nous, satisfaisante. Nous ne voyons pas très bien, en effet, comment la loi de 1880, en faisant disparaître la doctrine du « *common employment* » (1), c'est-à-dire en plaçant les ouvriers sur le pied d'une parfaite égalité vis-à-vis des autres citoyens, au point de vue de la réparation des accidents qui peuvent les atteindre dans leur travail, nous ne voyons pas très bien, disons-nous, comment le vote d'une telle loi a pu influer sur le développement des caisses d'assurances contre les accidents fondées par les Unions. Nous nous contenterons donc de signaler ce fait, laissant à d'autres, mieux documentés, le soin d'en donner une explication satisfaisante que nous avons vainement cherchée (2).

(1) D'après cette doctrine, il n'était dû à l'ouvrier aucune indemnité pour l'accident dont il était victime quand cet accident était occasionné par le fait d'un autre ouvrier employé au même travail que lui. Or, comme la jurisprudence considérait comme tel tout agent quelconque du patron, — fût-ce même le directeur de la fabrique, — le patron ne pouvait être déclaré responsable que si la cause de l'accident lui était personnellement et directement imputable. Un matériel en mauvais état, l'absence de précautions, l'application de règlements défectueux, ne permettaient pas de le mettre en cause.

(2) Une loi toute récente « sur la réparation des accidents du travail », *the Workmen Compensation Act* du 6 août 1897, qui est entrée en vigueur le 1er juillet 1898, consacre le principe du risque professionnel.

Il est dit, en effet, dans l'article 1er de cette loi, que « si, dans un travail auquel elle s'applique, un dommage personnel est causé à un ouvrier par un accident survenu par suite et au cours du travail, le patron sera tenu au paiement d'une indemnité en conformité de la première annexe de la loi.

» Toutefois :

» *a*) Le patron ne sera pas responsable par application de la loi nouvelle

Quoi qu'il en soit, les cinq millions distribués depuis leur création jusqu'en 1889, par les caisses d'accidents des quelques Unions que nous avons prises comme exemple, prouvent surabondamment l'utilité de ces institutions, auxquelles les ouvriers victimes d'un accident professionnel peuvent recourir sans porter atteinte à leur dignité et sans perdre leur indépendance.

SECTION V

CAISSES DE CHÔMAGE

Outre une indemnité pour les funérailles, outre des secours en cas de maladie et d'accident, et une retraite pour la vieillesse, la plupart des Trade Unions donnent encore à leurs membres des secours en cas de chômage, montrant

pour un dommage qui ne met pas l'ouvrier pendant une durée minima de deux semaines dans l'incapacité de gagner le salaire entier dans le travail auquel il est employé;

» *b*) Si le dommage a été causé par la négligence personnelle ou l'acte volontaire du patron ou d'une personne dont les actes ou négligences engagent la responsabilité du patron, la nouvelle loi ne touchera en rien à la responsabilité civile du patron; toutefois, dans ce cas, l'ouvrier peut à son choix, soit réclamer une indemnité par application de la nouvelle loi, soit intenter l'action qui lui était ouverte avant son entrée en vigueur; mais le patron ne sera pas tenu au paiement simultané d'une indemnité pour un dommage causé par un accident survenu par suite et au cours du travail, tant indépendamment que par application de la loi nouvelle, et il ne sera exposé à un recours indépendamment de la loi nouvelle que dans le cas de la négligence personnelle ou de l'acte volontaire susvisé;

» *c*) S'il est prouvé que le dommage causé à un ouvrier est attribuable à un manquement grave et volontaire de cet ouvrier à ses devoirs, toute demande d'indemnité formulée en raison de ce dommage sera rejetée. »

Mais cette loi n'est applicable qu'à certaines industries dont l'article 7 de l'acte donne une énumération limitative.

Aux termes de cet article, la nouvelle loi n'est applicable « qu'aux travaux effectués au service des entrepreneurs, définis ci-après : dans l'enceinte, dans les dépendances ou pour le service d'un chemin de fer, d'une fabrique, ainsi, par une expérience qui dure déjà depuis plus d'un quart de siècle, qu'au moins dans plusieurs branches de l'industrie, très importantes, les ouvriers peuvent s'assurer aussi bien contre le chômage involontaire que contre les autres risques auxquels ils sont exposés.

Les secours donnés par les Unions à leurs membres sans travail affectent diverses formes. Ce sont tantôt des secours de route (*tramp benefit*), tantôt des allocations hebdomadaires à domicile (*donation benefit*).

Le système des secours de route (*tramp benefit*, suivant l'expression vulgaire) a été le premier en date. Il est encore employé dans un certain nombre d'Unions. Voici en quoi il consiste.

Lorsqu'un ouvrier est atteint par le chômage, il va retirer sa *carte* au siège de l'Union dont il fait partie, et il s'en va

d'une mine, d'une carrière, d'un travail d'art (engineering work); et aux travaux exécutés par des entrepreneurs dans l'enceinte, dans les dépendances ou pour le service du chantier d'une bâtisse excédant trente pieds de hauteur, qui se trouve en construction ou en réparation au moyen d'échafaudages, ou qui est en démolition, ou aux travaux de construction de réparation ou de démolition de laquelle on emploie un matériel mû par la vapeur, l'eau ou une autre force mécanique ».

L'Act de 1897 n'a donc qu'un champ d'application relativement restreint. Il laisse en dehors de son action un certain nombre d'industries importantes telles que : les travaux accomplis dans les ateliers (workshops), une grande partie du bâtiment, la marine de commerce et les industries agricoles.

D'après une déclaration qui émane du ministre de l'intérieur lui-même, ce Bill ne s'appliquerait qu'à 6.000,000 d'ouvriers environ, tandis que 7,000,000 resteraient en dehors de lui. Ces 7,000,000 de personnes se décomposeraient approximativement ainsi : 1,700,000 travailleurs agricoles; 192,000 marins et pêcheurs; 2,300,000 domestiques (menials servants); 2,000,000 d'ouvriers employés dans des ateliers; 500,000 commis de magasins (shop-assistants); 600,000 voituriers et employés de transports. (Voyez d'ailleurs l'étude publiée par A. Monnier, avocat à la Cour d'appel de Paris, sur *la Législation anglaise sur la réparation des accidents du travail*. Paris, 1899.)

chercher du travail dans les pays où on lui dit qu'il a quelque chance d'être embauché. Grâce à sa carte, durant les trois premiers mois que dure son voyage, il reçoit aide et assistance dans chaque loge qu'il rencontre sur son chemin. Le plus souvent, on lui donne le coucher et six pence (1) pour lui permettre de continuer sa route. Par malheur, il arrive

(1) Voici d'ailleurs ce que dit, à propos des secours de route fournis par les Unions, l'auteur de la Monographie d'un trade-unioniste, qui est reproduite à la fin de l'ouvrage de M. Sidney Webb (*Histoire du Trade Unionisme*, p. 497) :

« A la fin de son premier jour de voyage, trainant la jambe, fatigué, il (le trade-unioniste) cherche le débit où se tient la loge locale, et après s'être rafraichi, il va à la recherche du secrétaire. Il lui présente sa carte de trimardeur. Quand, après l'examen, les dates sont trouvées correctes et la distance parcourue suffisante pour donner au voyageur le droit de toucher l'allocation de six pence et d'avoir un lit, le secrétaire écrit au cabaretier d'avoir à fournir ces secours. La date et le lieu sont alors clairement indiqués sur la carte de voyage, et le secrétaire conserve la moitié correspondante du reçu... qui lui servira comme pièce justificative de la dépense. S'il connaît quelque situation convenable vacante dans la ville, il dira au trimardeur d'y aller voir dans la matinée. Mais s'il ne s'offre pas de poste, le trimardeur doit repartir le lendemain matin, à temps pour arriver avant la nuit à la ville de la prochaine loge où seulement il peut recevoir un nouveau secours.

» Si notre ami se met en route pendant les mois d'été et trouve une situation au bout de quelques semaines, il ne lui sera rien arrivé de pis que de faire une agréable excursion de vacances. Mais si son voyage s'effectue en hiver, ou s'il est resté des mois en route, il se trouvera dans une pitoyable condition. Tant qu'il est dans les districts industriels très peuplés, où les « villes à secours » de son métier sont nombreuses, il trouve son souper et son lit au bout de chaque quinze ou vingt milles. Mais quand il aura épuisé ces villes une par une, il sera, car le règlement défend de demander le secours dans la même loge à moins d'un intervalle de trois mois, obligé d'aller plus loin dans les campagnes. Il trouve alors les loges si éloignées l'une de l'autre qu'il est impossible à un homme d'aller de l'une à l'autre en un jour. Le secours accordé n'est plus suffisant pour sa subsistance et il doit avoir recours à plusieurs sortes de moyens pour se nourrir et pour s'abriter. Enfin, après une période spécifiée, habituellement trois mois, sa carte « expire » ; il est « privé de secours » et ne peut plus rien tirer de la société jusqu'à ce qu'il trouve une occupation et recommence à payer ses cotisations. »

quelquefois que le membre voyageur, usant de son privilège pour demander assistance aux ouvriers des villes qu'il traverse, se donne beaucoup de bon temps. « Il trouve, comme nous dit M. Howel, un secours et un abri et souvent une joyeuse compagnie avec qui festoyer au club; mais, pendant ce temps, la femme et les enfants restés au logis ne s'en trouvent pas aussi bien (1). »

Ces abus et les nombreux inconvénients qui y sont attachés ont, dans ces dernières années, fait abandonner ce système par plusieurs Unions. Parmi les sociétés que nous avons prises pour exemple et qui possèdent des caisses de chômage, quatre seulement l'ont conservé : ce sont les tailleurs de pierre, les briquetiers, les plâtriers et les tailleurs réunis. L'association des typographes donne un secours de route à tant par mille, ou un secours à domicile. Dans les six années qui précèdent 1880, une seule Union, celle des chaudronniers et constructeurs de navires en fer, avait dépensé en secours de route la somme énorme de 88,376 livres sterling, soit environ 14,813 livres sterling par an; mais cette Union a virtuellement abandonné ce système depuis 1880 (en 1881, les secours de route payés par elle ne se montaient plus, en effet, qu'à 441 livres sterling), et définitivement en 1883.

Certaines Unions ont modifié, en l'améliorant, l'ancien système des secours de route. Leur nouvelle méthode consiste à payer le transport de ceux de leurs membres qui vont chercher à distance le travail qui leur manque sur place. Les chaudronniers et constructeurs de navires en fer ont ainsi payé comme frais de transport une somme de 3,307 livres sterling en vingt-trois ans.

(1) *Le Passé et l'avenir des Trade Unions*, traduit par Le Cour-Grandmaison, p. 115.

Quelques Unions, même, ne font que prêter la somme nécessaire, et le remboursement se fait au moyen de retenues sur les salaires que l'ouvrier gagne dans sa nouvelle situation.

Secours à domicile. — La quotité des secours à domicile donnés aux membres atteints par le chômage, ou *donation benefit*, varie suivant les sociétés. C'est la Société des compositeurs d'imprimerie de Londres qui paie l'indemnité la plus élevée, soit 12 shillings par semaine; les mécaniciens, les constructeurs de machines, les charpentiers et menuisiers, qui paient 10 shillings, et les fondeurs 9 shillings.

Cette indemnité est payée pendant les douze ou quatorze premières semaines, elle est ensuite réduite à 3 ou 4 shillings par semaine pendant une nouvelle période de vingt-six semaines, à la suite de laquelle elle subit encore une nouvelle réduction.

Voici le relevé des sommes payées à titre d'indemnités de chômage par les Unions déjà citées, pendant les trois années que nous avons choisies comme points de comparaison :

NOMS DES SOCIÉTÉS	TOTAL DES VERSEMENTS faits dans l'année		
	1869	1879	1889
	£	£	£
Mécaniciens réunis	59.980	149.931	29.733
Constructeurs de machines	3.363	8.402	1.300
Chaudronniers et Construct^rs de navires	1.795	32.027	3.938
Fondeurs en fer	24.887	57.711	5.311
Mouleurs en fer (Écosse)	2.319	15.589	2.141
Forgerons associés	280	3.525	548
Charpentiers et Menuisiers	8.904	27.902	18.805
Ouvriers tailleurs de pierre	4.110	7.213	1.932
Ouvriers briquetiers	34	166	178
Ouvriers plâtriers	22	541	60
Tailleurs réunis	202	1.891	810
Société des Compositeurs de Londres	2.773	5.382	5.275
Association des Typographes	1.030	3.934	2.601
Société des Carrossiers	5.288	15.790	3.050
TOTAL, 14 sociétés	114.987	329.804	75.682
Soit en valeurs françaises . . F.	2.874.675	8.245.100	1.892.040

Le chiffre des paiements effectués chaque année par les caisses de chômage varie beaucoup, cela va sans dire, suivant l'état de l'industrie. L'industrie est-elle prospère, les sommes payées sont relativement peu importantes ; au contraire elles sont considérables si l'industrie traverse une période de crise ou de marasme (1). Disons à ce sujet que l'année 1869 nous montre assez bien la moyenne des secours ainsi donnés par les Trade Unions.

(1) C'est ainsi que dans ces dernières années, par suite de la crise industrielle qu'a traversée l'Angleterre en 1893, le chiffre des allocations fournies

Et maintenant, pour avoir une idée plus exacte encore de l'importance considérable qu'a ce mode de prévoyance dans les Trade Unions anglaises, il nous reste à prendre le chiffre global de tous les versements faits jusqu'en 1889 par les différentes sociétés qui l'ont pratiqué sous l'une quelconque des formes dont nous avons parlé. Ce chiffre global, le tableau suivant va nous le donner (1) :

NOMS DES SOCIÉTÉS	Nombre d'années.	Total général	Coût approximatif par membre et par an
* Mécaniciens réunis	39	1.492.264£	1£ 8$
Constructeurs de machines....	38	86.331	18
Chaudronniers et Construct^rs de navires	23	311.814	1 4 4 1/2
Fondeurs en fer..............	54	709.561	1 17 3 1/2
* Mouleurs en fer	41	240.035	2 2 8 1/2
* Forgerons associés..	32	32.918	1 4 11 1/2
Charpentiers et Menuisiers réunis...	30	349.495	1 5 7 1/2
Ouvriers tailleurs de pierre....	50	94.763	2 8 1/2
Ouvriers briquetiers..........	20	3.500	
Ouvriers plâtriers............	28	2.722	
Tailleurs réunis..............	22	25.166	1 11 1/2
Société des Compositeurs de Londres	42	92.958	15 0
Association des Typographes...	23	113.577	18 2 1/2
* Société des Carrossiers......	27	49.577	7 1/2
TOTAL, 14 sociétés......		3.604.341	
Soit en valeurs françaises..F.		90.108.525	

par les caisses de chômage des 100 principales Unions, qui ne s'élevait en 1892 qu'à 8,822,990 fr. 02, s'est élevé en :

1893............à F. 11.582.511 98
1894................ 11.681.576 42
1895................ 11.051.782 30

Ce chiffre est tombé en 1896 à 7,194,685 fr. 94.

(1) Les chiffres donnés par ce tableau ne représentent pas d'une façon absolument exacte le montant des dépenses occasionnées aux Unions indiquées par le service de leurs caisses d'assurances contre le chômage involontaire. Il est à remarquer, en effet, que quelques sociétés, parmi celles que nous

Sauf la remarque que nous avons faite et que nous renouvelons à propos des quelques sociétés qui ne font aucune distinction entre les secours payés en cas de grève et les allocations données aux ouvriers en chômage pour tout autre motif, le total des versements faits jusqu'en 1889 par les quelques Unions citées aux ouvriers atteints par le chômage involontaire, sous les trois désignations de secours à domicile, de secours de route et de frais de déplacement, s'élève donc au chiffre énorme de 3,604,341 livres sterling, soit 90,108,525 francs. Ce chiffre considérable par lui-même tient en quelque sorte du prodige, si on considère que les associations ouvrières qui l'ont payé ont pu subvenir en outre aux dépenses occasionnées par les quatre ou cinq autres institutions de prévoyance que nous avons déjà étudiées.

SECTION VI

AUTRES INSTITUTIONS DE PRÉVOYANCE ET D'ASSISTANCE FONDÉES PAR LES TRADE UNIONS

En dehors des cinq grandes institutions de prévoyance dont nous venons de faire une rapide étude, les Trade Unions ont encore fondé d'autres institutions qui, bien qu'ayant une importance moindre, méritent cependant d'être signalées (1).

citons, ne font pas de distinction entre l'argent donné pour soutenir les grèves et les allocations fournies aux ouvriers victimes du manque involontaire du travail. Nous faisons d'ailleurs précéder d'un (*) le nom de ces sociétés.

(1) Ces secours, y compris les allocations fournies par les 100 principales Trade Unions aux autres Unions nécessiteuses, se sont élevés en :

1892..............à F.	2.092.099 88
1893..................	3.114.115 16
1894..................	3.091.190 18
1895..................	1.256.334 30
1896..................	1.631.254 82

(Voyez le *Bulletin de l'Office du Travail*, février 1898.)

I. *Caisse de bienfaisance.* — Beaucoup d'Unions viennent en aide à ceux de leurs membres qui sont tombés dans la détresse, soit par suite d'une maladie ou d'un chômage trop prolongé, soit pour toute autre cause indépendante de leur volonté. A cette fin elles ont fondé ce qu'on appelle une caisse de bienfaisance. Dans la Société des mécaniciens réunis, les allocations de cette caisse se sont élevées en 1879 à 6,378 livres sterling; elles se montent ordinairement à 2,000 ou 4,000 livres sterling par an.

II. *Indemnités en cas de perte d'outils.* — Un certain nombre d'Unions donnent aussi une indemnité à leurs membres dans le cas de perte d'outils, par suite d'incendie. L'Union des charpentiers et des menuisiers a ainsi dépensé de ce chef plus de 24,000 livres sterling depuis sa fondation jusqu'à la fin de l'année 1889.

III. *Caisse d'émigration* — Dans certains cas, enfin, les Unions ont établi une caisse destinée à favoriser l'émigration; mais par suite du bon marché des transports et des conditions dans lesquelles se font les départs, la plupart y ont renoncé dans ces dernières années.

SECTION VII

CONFUSION DES FONDS DE SECOURS ET DES FONDS DE GRÈVE

Disons avant de terminer cette étude que dans les Trade Unions les fonds qui servent à alimenter les différentes caisses de prévoyance ou d'assistance dont nous venons de faire une rapide étude, ne sont pas distincts des fonds destinés à soutenir les grèves (1). Cette confusion a été et est

(1) « L'Union, dit M. le comte de Paris dans son beau livre sur *les Associations ouvrières en Angleterre*, p. 67, n'est pas une assurance mutuelle

encore souvent reprochée aux Trade Unions. On leur fait un crime d'attirer à elles, grâce à l'appât de leurs institutions d'assistance, des ouvriers qui sans cela seraient restés étrangers aux grèves, d'en faire des grévistes malgré eux par la crainte d'une exclusion qui les priverait de toute participation aux avantages promis en échange de leurs versements.

Ces critiques, n'ont, ce nous semble, qu'une apparence de raison. A notre avis, la juxtaposition des caisses de secours et de résistance est la meilleure garantie que l'on puisse avoir de la modération des Trade Unions, car toute brèche faite à la caisse de chômage est une brèche faite à la caisse de secours mutuels, et il nous semble que, lorsque les membres d'une Union courent le risque de perdre en quelques semaines le capital qu'ils ont péniblement accumulé, ou du moins de voir diminuer les ressources des caisses de secours, l'intérêt immédiat des unionistes est un sûr garant qu'ils n'accepteront la grève qu'avec une extrême circonspection. Cette remarque avait déjà été faite en 1869 par M. le comte de Paris (1), et c'est aussi l'opinion du *Registrar* en chef des sociétés ouvrières d'Angleterre, M. Ludlow, qui pense, lui aussi, « que lorsqu'une Union ayant malades, pensionnés, veuves et orphelins à sa charge, se met en grève, ce ne peut jamais être sans les motifs les plus graves ».

On verra d'ailleurs, par le tableau ci-après, page 116,

aux règlements invariables, se bornant à toucher, pour les répartir ensuite, les contributions de personnes absolument étrangères les unes aux autres : c'est, il ne faut pas l'oublier, le fonds commun d'une association de personnes unies par les mêmes intérêts, et qui s'en réservent toujours la libre disposition, sans jamais s'engager irrévocablement à l'employer de telle ou telle manière. Son premier usage est de faire face aux grèves ou aux chômages, et si, grâce à de plus fortes souscriptions, ce fonds subvient aussi aux besoins que la maladie, les accidents, la vieillesse ou la mort imposent à ses membres, la mesure dans laquelle il le fait est entièrement subordonnée aux ressources du moment. »

(1) *Les Associations ouvrières en Angleterre.*

TABLEAU GÉNÉRAL DES DÉPENSES FAITES PAR QUELQUES TRADE UNIONS

DU CHEF DES INSTITUTIONS DE PRÉVOYANCE QU'ELLES SE SONT ANNEXÉES.

NOMS DES SOCIÉTÉS	Frais funéraires	Caisse des maladies	Caisse de la vieillesse	Caisse des accidents	Caisse des chômages	Caisse de bienfaisance	Pertes d'outils	TOTAL pour chaque Société	Caisse des grèves
	£	£	£	£	£	£	£	£	£
Mécaniciens réunis.........	209.917	680.314	482.270	52.630	1.492.264	70.598	—	2.987.993	86.664
Constructeurs de machines..	17.825	60.592	22.990	8.116	86.331	1.606	—	197.460	3.982
Chaudronniers et Constrs de navires	51.579	291.278	49.257	36.660	311.814	—	—	740.588	70.255
Fondeurs en fer............	61.541	208.628	111.268	32.830	709.561	3.549	—	1.127.377	30.167
Mouleurs en fer (Écosse):...	44.228	—	38.597	—	240.035	—	—	322.860	Se confond avec la Caisse de chômage
Forgerons.................	5.203	26.293	1.989	2.346	39.918	—	—	75.749	
Charpentiers et Menuisiers..	43.729	239.665	27.029	25.040	349.495	18.005	24.113	727.076	87.094
Tailleurs de pierre.........	92.747	120.484	84.313	31.679	94.763	7.902	—	431.888	112.100
Briquetiers................	13.616	54.474	921	971	3.500	929	—	74.411	5.160
Plâtriers..................	12.804	21.792	3.745	10.340	2.722	—	—	51.403	7.250
Tailleurs réunis...........	44.081	131.631	1.744	—	25.166	2.105	—	204.727	20.973
Société des Compositrs de Londres.	16.098	—	10.246	—	92.958	13.273	507	133.082	22.313
Association des Typographes.	9.227	—	9.886	—	49.237	—	—	68.350	16.860
Carrossiers...............	31.148	5.360	50.821	4.822	113.577	—	702	206.430	Se confond avec la Caisse de chômage
TOTAL, 14 sociétés......	653.743	1.840.511	895.076	205.434	3.604.341	117.967	25.322	7.342.394	462.818
Soit en valeurs françaises.........F.								183.559.850	11.570.450

que les faits sont d'accord avec le raisonnement, et que tandis que depuis leur naissance jusqu'en 1889, les quatorze sociétés que nous avons prises comme exemple ont dépensé en secours de toutes sortes 7,342,394 livres sterling, soit 183,559,850 francs, les dépenses qui leur ont été occasionnées par les grèves se sont élevées seulement à 462,818 livres sterling, soit 11,570,450 francs (1).

Quand on regarde ces magnifiques résultats, plus de 180 millions distribués par quatorze Unions aux ouvriers, pour leurs besoins constants et permanents, dans les cas où par suite d'un accident, d'une maladie, d'un chômage involontaire ou de la vieillesse, ils tomberaient infailliblement dans la misère, on est saisi d'admiration. Et quand on voit l'ouvrier anglais obtenir un salaire suffisant pour subvenir aux cotisations exigées par ces sociétés avec des journées de travail inférieures à neuf heures, coupées par un repos hebdomadaire de plus de vingt-quatre heures, on serait tenté de croire que la solution du problème social a été découverte par nos voisins d'outre-Manche, et que l'âge d'or a commencé à luire pour eux.

Il n'en est rien, cependant. Loin d'être l'objet d'une reconnaissance et d'une admiration unanimes, comme on pourrait le croire, les Trade Unions sont au contraire en butte aux attaques incessantes de tout un parti qui s'est formé à côté d'elles et contre elles; et il n'est pas jusqu'aux

(1) D'après la statistique dressée par les soins du *Labour Department*, la proportion des dépenses faites par les 100 principales Unions pendant la période 1892-1897, pour soutenir les grèves, aurait été plus considérable. En effet, sur 230,515,500 francs dépensés par elles pendant ces six dernières années, 55 millions (soit environ un quart du total) auraient été distribués en secours de grève, tandis que le reste était versé à titre d'assistance en cas de maladie, de chômage, etc.

Le tableau suivant que nous reproduisons d'après le *Bulletin de l'Office* magnifiques résultats qu'elles ont obtenus au prix de tant d'efforts qui ne soient menacés et contestés par ceux-là mêmes qui semblaient devoir s'en montrer les plus satisfaits.

du Travail (mars 1899), permet d'ailleurs de comparer quelles ont été, pour cette période, les sommes payées par les 100 principales Unions, rangées par groupe d'industrie.

UNIONS	POUR CENT DES DÉPENSES OCCASIONNÉES pour la période 1892-1897, par							TOTAL
	Secours de grève	SECOURS EN CAS DE					Frais d'administration	des dépenses
		Chômage	Maladie et accidents	Retraite	Décès	TOTAL		
								£
Bâtiment	12.8	16.6	26.5	8.0	12.3	63.4	23.8	33.957.300
Mines et carrières	44.5	15.7	9 5	—	16.9	42.1	13.4	36.307.100
Métaux et constructions navales	11.0	40.2	17.2	13.7	7.1	78.2	10.8	92.169.950
Textiles	38.1	25.6	4.0	1.3	13.8	44.7	17.2	23.716.600
Vêtements	27.2	4.1	35.1	9.1	7.4	55.7	17.1	10.556.525
Transports	10.8	5.6	9.5	3.3	17.8	36.2	53.0	10.190.275
Typographie, reliure	6.0	50.2	5.0	10.7	9.9	75.8	18.2	8.149.800
Travail du bois, ameublement	12.1	31.3	11.3	13.8	9.9	66.3	21.6	5.026.550
Divers	19.8	22.2	15.4	6.2	9.5	53.3	26.9	10.441.400
	20.3	27.5	15.9	8.3	10.9	62.6	17.1	230.515.500

(Extrait du *Report by the Chief Labour correspondent of the Board of Trade on Trade Unions in 1897.*)

Nombreux sont, en effet, les griefs allégués contre les Trade Unions. Ils se rapprochent de ceux que l'on a opposés aux anciennes corporations. D'une part, comme tous les grands corps, lorsqu'ils sont arrivés à un certain degré de puissance, ces associations n'ont pas su se garder du reproche d'exclusivisme. Elles ont eu le tort de réclamer comme un privilège le droit de limiter le nombre des apprentis et d'interdire l'exercice de leur profession à tous ceux qui n'auraient pas passé par un apprentissage régulier. On les a vues aussi, à maintes reprises, refuser de travailler avec les non-unionistes et mettre en interdit ceux qui restaient en dehors d'elles.

D'autre part, les Trade Unions ne comprennent que la minorité des travailleurs. En effet, dit-on, il résulte des statistiques les plus favorables (1), que le Trade Unionisme compte seulement 20 °/₀ des adultes mâles de la classe ouvrière, autrement dit un homme sur cinq. Cela tient, tout d'abord, à ce que, d'une part, un grand nombre de travailleurs manuels sont en réalité exclus des Trade Unions, soit parce que, étant de petits « producteurs indépendants », ils ne se louent pas pour un salaire, comme par exemple les petits artisans qui travaillent à leur compte; soit parce qu'ils appartiennent à des professions où il est presque impossible de se syndiquer, et d'une manière générale on peut dire qu'il en est ainsi de tous les travailleurs dont l'habileté professionnelle ne saurait influer sur les conditions du contrat de travail, comme par exemple les journaliers, employés d'entrepôts, portefaix, etc. (2).

(1) Voyez Sidney Webb, *Histoire du Trade Unionisme*, p. 465.

(2) Voici ce que dit à ce sujet M. Sidney Webb dans son *Histoire du Trade Unionisme*, p. 486 : « Sur les trois quarts de million de journaliers agricoles du Royaume-Uni, il n'y a pas plus de 40,000 syndiqués. Les autres classes de manœuvres ne sont pas dans un meilleur cas. Les 200,000 ouvriers

Cela tient, en second lieu, à ce que, même dans les professions où il est possible aux ouvriers de fonder des Trade Unions, seuls jusque dans ces derniers temps les ouvriers d'élite ont pu en faire partie (1). Pour entrer dans ces Unions il faut, en effet, être accepté par les membres qui sont intéressés à écarter les nouveaux venus susceptibles de n'apporter à la communauté aucun accroissement de force, mais qui pourraient, par contre, nécessiter un surcroît de charges. Dans ces conditions, l'ouvrier infirme, maladif, ou peu intelligent, se voit presque nécessairement écarté. Puis viennent les exclusions qui sont nombreuses, car le moindre retard dans le paiement des cotisations entraîne la radiation de l'intéressé; et même à ce sujet on a souvent reproché aux Unions d'exagérer la rigueur de leurs règlements, pour se soustraire, vis-à-vis d'ouvriers ayant longtemps fait partie de la société, à l'exécution des engagements pris envers eux.

Cet esprit d'exclusivisme a soulevé contre les Trade Unions d'ardentes colères, et depuis une dizaine d'années environ, sous le nom de Néo-Trade Unionisme, il s'est formé un parti nouveau pour les combattre.

employés dans le trafic des chemins de fer ne fournissent que 48,000 trade-unionistes, pour la plupart appartenant à des grades supérieurs, tels que chefs de trains ou mécaniciens. Les masses des employés des tramways et des omnibus, après un ralliement très court, sont retournées à un état de désorganisation. La grande armée des employés d'entrepôts, portefaix et autres variétés de manœuvres des villes, ne compte que quelques milliers de trade-unionistes dans tout le royaume.

(1) C'est ainsi, par exemple, que jusqu'en 1892, l'Union des mécaniciens n'a admis dans son sein aucun des manœuvres des innombrables branches des professions mécaniciennes. (Voyez *infra*, p. 125.)

CHAPITRE III

LE NÉO-TRADE UNIONISME

Le Néo-Trade Unionisme n'a guère commencé à se manifester qu'au Congrès de Liverpool en 1890; il se recrute surtout dans cette catégorie des travailleurs composée d'ouvriers non qualifiés (*unskilled*) qui jusqu'ici n'appartenaient à aucune association, mais il compte aussi de nombreux adhérents jusque dans le sein des vieilles Unions.

Le nouvel Unionisme reproche à l'ancien de perdre complètement de vue « la vraie politique unioniste d'agression » pour se lancer dans « une entreprise téméraire de devoirs et de responsabilités, dont seuls l'État ou toute la communauté devraient se charger, tels que secours de maladie et de retraite », politique qui « écrase les Unions les plus grandes en faisant supporter à leurs membres des impositions trop fortes ». D'après lui, cette fausse direction prise par les vieilles Unions « les paralyse si complètement, que la crainte de ne pouvoir accomplir leurs engagements de sociétés de secours les oblige souvent à subir les empiètements des patrons sans protester » (1). Ce reproche en partie mérité adressé aux

(1) Ces critiques étaient adressées en 1886 et 1887 à l'ancien Unionisme par deux des chefs les plus autorisés du nouveau : Tom Mann et John Burns. Voyez d'ailleurs Sidney Webb, *Histoire du Trade Unionisme*, p. 420.

vieilles Unions est l'indice des dispositions qui animent les nouvelles.

Imbues de cette idée que les Trade Unions ne doivent pas tomber au rang de compagnies d'assurance mutuelle, et que pour éviter cela elles doivent « rester des Unions de combat et ne point s'embarrasser de caisses de maladie ou d'accident » (1), les associations nouvelles ne sont que des machines de guerre, comme l'étaient en 1867 celles qui sont aujourd'hui le noyau du vieil Unionisme. Elles n'ont qu'un but : obtenir par la grève l'augmentation des salaires et la diminution des heures de travail; aussi n'ont-elles qu'une seule caisse de secours, celle de l'indemnité de grève. D'ailleurs, il n'est que juste de reconnaître que la plupart ne pourraient actuellement fonder aucune des institutions de prévoyance que nous avons étudiées, car les ressources leur manquent et elles ne peuvent exiger de leurs membres des cotisations bien élevées.

Ce mouvement néo-unioniste ne laisse pas que de causer de grandes appréhensions aux champions de l'ancien Unionisme. Avec M. Howel, ils s'inquiètent de l'opposition qui s'est formée au sein même des Unions et qui tend à modifier profondément la direction si sage suivie par elles depuis près d'un siècle, et ils reprochent sévèrement aux chefs des nouvelles Unions de pousser les ouvriers vers le socialisme d'État.

Ces appréhensions et ces critiques nous paraissent être exagérées. Sans doute, nous sommes les premiers à repousser avec la dernière énergie certaines propositions malencontreuses des néo-unionistes, comme par exemple la création d'ateliers municipaux, qui ne seraient autre chose que la

(1) Résolution prise au Congrès de l'Union générale des travailleurs des chemins de fer le 19 novembre 1890. Voyez Sidney Webb, ouvrage cité, p. 443.

reproduction des trop fameux ateliers nationaux, ou excessives comme l'application de la journée légale de huit heures à toutes les professions; mais nous n'allons pas comme M. Howel jusqu'à repousser toute intervention du pouvoir législatif en matière de travail. En ce qui concerne la question des institutions de prévoyance, nous ferons également des réserves. Adversaires déterminés de l'assistance obligatoire par l'État et partisans résolus de l'autonomie et de l'indépendance des caisses de prévoyance fondées par les Unions, nous ne repoussons cependant pas à priori toute intervention législative en pareille matière, car nous estimons, que, tout en maintenant, comme un principe fondamental, l'autonomie des caisses des Unions et leur gestion par les intéressés, il peut être nécessaire dans certains cas d'avoir recours aux subventions de l'État.

D'autre part, enfin, sans aller comme les néo-unionistes jusqu'à prétendre que les Unions doivent « rester des Unions de combat, et ne point s'embarrasser d'institutions de prévoyance », nous croyons avec eux que les Trade Unions feraient fausse route si se contentant d'être de simples sociétés d'assurance mutuelle, elles se bornaient à toucher pour les répartir ensuite les contributions de personnes absolument étrangères les unes aux autres. Leur rôle est en effet plus élevé; elles ne doivent pas perdre de vue que leur but principal doit être la défense des intérêts professionnels de leurs membres, et que les caisses de secours ne doivent qu'être un moyen d'accroître la puissance de l'association, tout en modérant ses allures sans l'entraver, ni la détourner de son principal objet.

Ces réserves étant faites, nous n'hésitons pas à saluer avec joie l'avènement de ces organisations nouvelles des ouvriers non qualifiés, de l'*unskilled labour*. Sans doute, elles débutent dans la guerre et la haine, comme l'ont fait les vieilles Unions; mais ne nous est-il pas permis d'espérer qu'elles arriveront, elles aussi, dans un avenir prochain, à la paix et à la concorde? Le Néo-Unionisme n'a-t-il pas traversé jusqu'ici une période aiguë et violente analogue à celle qu'a traversée l'ancien? Et ne peut-on pas appuyer sur des données sérieuses l'espoir d'une évolution similaire? Cette évolution se fera, grâce au bienfait de l'association qui développera le sentiment de la solidarité ouvrière dans toutes les sections des salariés; grâce aussi aux institutions de prévoyance qui d'elles-mêmes viendront se greffer autour de la caisse de chômage; grâce enfin aux vieilles Unions qui comprendront que le moment est venu pour elles d'ouvrir leurs rangs et de modifier leur organisation pour s'accommoder aux nécessités nouvelles.

Cette évolution a d'ailleurs commencé. Nous n'en voulons pour preuve que le passage suivant extrait de l'ouvrage d'un auteur fort au courant de ces questions. Voici en effet ce qu'écrivait en 1893 M. Sidney Webb dans son *Histoire du Trade Unionisme*, p. 460 et 461 : « Le sentiment hostile à la combinaison des caisses de secours avec la défense des intérêts des Trade Unions a disparu en grande partie, bien que la difficulté de demander des cotisations élevées à des travailleurs mal payés ait empêché l'adoption complète de la politique à laquelle on s'opposait d'abord. Ainsi l'Union des manœuvres des docks, débarcadères et quais donne maintenant des secours d'enterrement, — *habituellement les premiers qu'on institue*, — tandis que beaucoup de branches ont organisé leurs propres secours de maladie. Plusieurs des branches de l'Union nationale des gaziers et des manœuvres en général ont des caisses locales de secours, et l'addition d'une caisse pour les accidents, aux fonds de toute la société, est actuellement en discussion. »

D'autre part, « l'esprit égoïste d'exclusivisme, dit le même auteur quelques lignes plus loin, qui s'est souvent montré chez l'ouvrier relativement bien payé, mécanicien, charpentier, ouvrier de la construction navale, de 1880 à 1885, a fait place à une reconnaissance plus généreuse de la solidarité essentielle de la classe salariée. Par exemple, la constitution tout entière de la société amalgamée des mécaniciens a été revisée en 1892, expressément pour ouvrir les rangs de la plus aristocratique des Unions à presque tous les manœuvres des innombrables branches des professions mécaniciennes. En outre, des facilités spéciales sont maintenant accordées par cette société et les autres grandes sociétés, aux vieillards et aux artisans qui gagnent des salaires insuffisants pour payer les contributions élevées aux caisses de secours. Ce n'est pas tout. Le plombier rivalise maintenant avec le mécanicien, le charpentier avec l'ouvrier de la construction navale, dans le concours qu'ils donnent à la formation d'Unions parmi les manœuvres qui travaillent avec eux ou sous leur direction ».

CINQUIÈME PARTIE

Du rôle des Syndicats professionnels français dans les Institutions de prévoyance.

A aucune époque plus qu'à la nôtre la condition de l'ouvrier n'a été si précaire. Les salaires, cependant, sont presque toujours élevés, mais le travail est essentiellement instable. Les industries sont sujettes à des transformations fréquentes; tandis que les unes tombent, d'autres s'élèvent pour durer un temps et disparaître à leur tour. D'ailleurs, même dans les industries les plus stables, le travail du lendemain n'est jamais assuré à l'ouvrier, car les périodes de chômage et d'occupation se succèdent d'une manière souvent inégale et imprévue; puis la forme nouvelle de l'industrie, qui partout se sert de machines, a fort accru le nombre des accidents. Maintenant, grâce aux machines agricoles modernes, ils se rencontrent aussi bien parmi les ouvriers des champs que parmi ceux des manufactures. Qu'on joigne à ces maux la maladie et la vieillesse, et on aura un tableau à peu près complet des risques auxquels le travailleur est exposé, et des causes qui, sans qu'il y ait aucune faute de sa part, sont susceptibles de faire entrer la misère dans son foyer, si elles viennent à se réaliser.

Un savant économiste allemand, M. Brentano, qui a analysé avec soin cette situation de l'ouvrier moderne, a établi qu'il devait, pour avoir une sécurité complète, contracter six assurances différentes :

1° Une assurance ayant pour objet une rente destinée à nourrir et à élever ses enfants dans le cas de mort prématurée ;

2° Une assurance de rente pour ses vieux jours ;

3° Une assurance ayant pour objet la somme nécessaire pour avoir des funérailles décentes ;

4° Une assurance pour le cas d'infirmités ;

5° Une assurance pour le cas de maladie ;

6° Une assurance pour le cas de chômage par suite de manque de travail.

L'ouvrier devrait donc payer ces six primes correspondant à ces six assurances. Le peut-il ?

Certes, au premier abord, il semble bien difficile que le salaire journalier de l'ouvrier puisse suffire à le faire vivre, lui et sa famille, et à lui permettre de payer en outre les six primes d'assurances dont nous venons de parler. On serait même tenté de dire avec Proudhon que « la sécurité est une marchandise qui se paie comme toute autre, et que comme le tarif de cette marchandise baisse, non pas selon la misère de l'acheteur, mais selon l'importance de la somme qu'il assure, l'assurance se résout en un nouveau privilège pour le riche et une cruelle ironie pour le pauvre » (1).

Il n'en est rien, cependant. Dans son remarquable traité sur les assurances, M. Chaufton, appliquant à la classification

(1) *Contradictions économiques*, t. II, p. 155.

de M. Brentano des données statistiques fournies par l'ancien directeur du Bureau statistique de Berlin, M. le Dr Engel, a évalué à 0 fr. 70 par jour le prélèvement nécessaire pour faire face aux six primes d'assurances que nous avons énumérées. Or M. Chaufton croit et nous croyons avec lui que dans l'état actuel des choses, il est possible aux ouvriers de la plupart de nos industries d'effectuer ce prélèvement. S'il y a à cela quelque obstacle, il résulte, en effet, selon nous, presque autant de l'habitude d'imprévoyance qui se rencontre malheureusement chez un très grand nombre d'ouvriers, que de l'insuffisance du salaire.

Mais comment réagir contre cet esprit d'insouciance? Par quelle institution nouvelle, et qui sorte assez des entrailles du peuple pour qu'il puisse l'aimer comme son œuvre, peut-on espérer voir se propager dans la masse des travailleurs de saines habitudes d'épargne et de prévoyance? Cette institution existe : ce sont les syndicats professionnels.

Ces syndicats, auxquels le législateur de 1884 a enfin donné une existence légale, ne sont pas nés d'hier. Dans la première partie de notre ouvrage nous en avons étudié la généalogie, et nous avons montré qu'ils se rattachaient directement aux anciens compagnonnages, aux anciennes corporations et confréries, dont l'objet était de former des sociétés entre les ouvriers d'un même corps d'état, dans un but d'assurance mutuelle, d'instruction professionnelle et de moralisation.

Manifestation spontanée, de ce besoin d'association que de tout temps ont éprouvé les classes laborieuses, ils se sont formés et développés malgré les prohibitions édictées par le législateur révolutionnaire contre les associations professionnelles; et seuls ils possèdent assez la confiance de nos ouvriers modernes pour développer à nouveau parmi eux ce sentiment profond de solidarité et ce devoir d'assistance mutuelle qui étaient véritablement les bons côtés des corporations de l'ancien régime.

Aussi, sans perdre de vue *le but principal qu'ils doivent poursuivre, et qui est et qui sera toujours la défense ou l'avancement des intérêts du travailleur comme tel*, les syndicats professionnels doivent-ils considérer *l'amélioration du sort de l'ouvrier, grâce à la diffusion des institutions de prévoyance, comme un des buts essentiels de leur constitution.*

C'est là un point sur lequel il faut insister, parce qu'il a été jusqu'ici trop négligé, et parce qu'il peut servir beaucoup, et servir surtout à cette fin si désirable de l'apaisement social. L'assurance mutuelle était l'un des buts des anciennes fraternités, et, nous l'avons montré dans les chapitres précédents, les Unions anglaises entrent toujours plus avant dans cette voie du secours mutuel, perdant ainsi le caractère dangereux qu'elles avaient trop souvent à l'origine, pour devenir des organes éminemment utiles.

Ce que nous venons de dire des syndicats ouvriers, nous le disons, et à plus forte raison encore, des syndicats agricoles. Pour eux aussi, comme l'a dit M. le comte de Rocquigny au Congrès de Lyon, « c'est un devoir social de travailler à propager dans les campagnes l'esprit de prévoyance qui relève et moralise les cultivateurs, les défend contre les coups du sort, et leur apporte la confiance indispensable à la continuité de leurs efforts ». A eux donc d'apprendre aux populations rurales, dont ils ont la confiance, que si les risques qui menacent le petit cultivateur, dans sa personne et dans ses biens, sont nombreux, ces risques peuvent du moins être atténués dans une très large mesure, grâce à la pratique de l'assurance. A eux enfin de passer de la théorie à la pratique, et de faciliter à leurs membres l'affiliation aux diverses institutions de prévoyance dont ils ont un si pressant besoin.

Que peuvent faire nos syndicats professionnels ouvriers et agricoles, et qu'ont-ils fait depuis leur reconnaissance légale pour développer ce côté si utile de leur destination? Telles sont les deux questions que nous nous proposons d'examiner dans cette cinquième et dernière partie de notre étude, après avoir rapidement exposé dans un premier chapitre la situation légale de ces associations professionnelles telle qu'elle résulte des dispositions contenues dans la loi du 21 mars 1884.

CHAPITRE I

LES ASSOCIATIONS PROFESSIONNELLES D'APRÈS LA LOI DU 21 MARS 1884

L'article premier de la loi de 1884 est ainsi conçu : « Sont abrogés, la loi des 14-27 juin 1791 et l'article 416 du Code pénal. Les articles 291, 292, 293, 294 du Code pénal et la loi du 10 avril 1834 ne sont pas applicables aux syndicats professionnels. »

En consacrant ainsi le premier article de la loi à abroger ou à déclarer inapplicables les actes législatifs qui entravaient la liberté d'association professionnelle, le législateur a voulu montrer que c'était le principe de liberté qui dominait dans cette loi.

Cette liberté d'association professionnelle peut se résumer dans les trois points suivants :

1° Les personnes exerçant la même profession, des métiers similaires ou des professions connexes concourant à l'établissement de produits déterminés, peuvent désormais s'associer librement sans avoir besoin de l'autorisation du gouvernement (art. 2).

2° Ces associations professionnelles ont la personnalité civile (art. 6). Elles ont la libre administration de leurs biens, peuvent acquérir et recevoir des dons et legs. Cependant cette faculté subit une limitation : le paragraphe 2 de l'article 6 restreint le droit qu'elles ont de posséder des immeubles à ceux qui sont nécessaires à leurs réunions, à leurs bibliothèques et à des cours d'instruction professionnelle.

3° Les syndicats professionnels ont enfin le droit de combiner leurs statuts, de s'administrer, d'assurer leur recrutement et leur perpétuation comme ils le veulent. Leurs fondateurs sont tenus seulement de déposer ces statuts et les noms de ceux qui, à un titre quelconque, sont chargés de l'administration ou de la direction, à la mairie de la localité où le syndicat est établi, et, à Paris, à la préfecture de la Seine.

Quelques restrictions, cependant, sont apportées à cette liberté : la première résulte de l'article 2, qui limite les bénéfices de la loi « aux personnes exerçant la même profession, des métiers similaires ou des professions connexes »; par conséquent, les syndicats ne peuvent comprendre des personnes étrangères à la profession, sous peine de tomber sous le coup de l'article 291 du Code pénal, et d'encourir la nullité de leurs statuts. — La deuxième résulte de l'article 3, qui détermine expressément l'objet que doivent se proposer les syndicats; ils ont « exclusivement pour objet, dit cet article, l'étude et la défense des intérêts économiques, industriels, commerciaux et agricoles ». — La troisième est édictée par l'article 7, qui reconnaît à chaque adhérent le droit de se retirer à tout instant de l'association, nonobstant toute clause contraire, en payant seulement la cotisation annuelle. Enfin il résulte implicitement de l'ensemble de la législation que les syndicats ne peuvent pas, en tant que syndicats, faire des actes de commerce et se livrer à des entreprises aboutissant à un bénéfice à partager. Pour cela, les membres du syndicat devront former entre eux, suivant les cas, une société commerciale ou une société civile.

Non seulement les syndicats professionnels peuvent librement se constituer moyennant l'accomplissement des quelques formalités que nous avons énumérées, mais, aux termes de l'article 5, ils peuvent encore « librement se concerter entre eux pour l'étude et la défense de leurs intérêts économiques, industriels, commerciaux et agricoles ». En un mot, les Unions de syndicats peuvent librement se former, au même titre et dans le même but que les syndicats eux-mêmes; mais ces Unions, toujours d'après le même article, « ne peuvent posséder aucun immeuble ni ester en justice ».

Telle est, dans ses traits principaux, la loi du 21 mars 1884, en tant du moins qu'elle proclame et qu'elle règle la liberté d'association professionnelle, tout en sauvegardant la liberté du travail; il nous reste maintenant à parler de quelques dispositions de cette loi, qui, pour présenter un intérêt plus spécial, n'en sont pas pour cela moins dignes de retenir l'attention.

Ces dispositions sont contenues dans l'article 6, qui énumère un certain nombre d'opérations que les associations professionnelles peuvent accomplir, et qui ne dérivent pas à proprement parler de leur qualité de personnes morales.

Et d'abord, il ressort des termes de cet article (§ 3) que les syndicats peuvent créer des bibliothèques et des cours d'instruction professionnelle. Ils peuvent aussi, sans autorisation, mais en se conformant aux autres dispositions de la loi, constituer entre leurs membres des caisses spéciales de secours mutuels et de retraites (§ 4), créer et administrer librement des offices de renseignements pour les offres et les demandes de travail (§ 5). Ils peuvent enfin, aux termes du § 6, être consultés sur tous les différends et toutes les questions se rattachant à leur spécialité.

Dans les affaires contentieuses, leurs avis sont tenus à la disposition des parties, qui peuvent en prendre communication et copie (§ 7).

Cette énumération — les travaux préparatoires de la loi le prouvent — n'est d'ailleurs nullement limitative (1), et il est certain que, outre les opérations indiquées par l'article 6, les syndicats peuvent encore accomplir toutes celles qui peuvent concourir à la défense de leurs intérêts économiques, industriels, commerciaux ou agricoles, à la seule condition de se conformer aux lois particulières qui les régissent.

La circulaire, adressée par le ministre de l'intérieur aux préfets, relativement à l'application de la loi du 21 mars 1884, conforme en cela aux travaux préparatoires, ne met pas ce point en doute. « Grâce, y est-il dit, à la liberté complète d'une part, à la personnalité de l'autre, les syndicats, sûrs de l'avenir, pourront réunir les ressources nécessaires pour créer et multiplier les utiles institutions qui ont produit chez d'autres peuples de précieux résultats : caisses de retraites, de secours, de crédit mutuel, cours, bibliothèques, sociétés coopératives, bureaux de renseignements, de placement, de statistique des salaires, etc. Certaines nations, moins favorisées que la France par la nature, et qui lui font une concurrence

(1) Le projet de loi adopté en première lecture par la Chambre contenait une énumération beaucoup plus complète : « Ils pourront, disait l'article 3, s'occuper notamment, dans l'intérêt de leurs professions ou métiers, de la création de caisses d'assurances contre le chômage, la maladie ou la vieillesse, de l'établissement d'ateliers de refuge, de magasins pour la vente et la réparation d'outils, de l'organisation de sociétés coopératives, de l'organisation et des progrès de l'enseignement professionnel, et d'autres questions de même nature... »

Cette énumération ne fut retranchée que parce qu'il était difficile d'en connaître l'exacte portée. On pouvait, en effet, se demander si cette disposition permettait aux syndicats de faire ces opérations sans se conformer aux lois préexistantes, ou si au contraire ils restaient soumis au droit commun. La suppression de ce paragraphe a levé la difficulté. Les syndicats sont soumis au droit commun, mais ils ont toute liberté de faire tous les actes ci-dessus énumérés et d'autres encore, en se conformant aux lois spéciales.

sérieuse, doivent pour une large part à la vitalité de ces établissements leur prospérité commerciale, industrielle et agricole. Sous peine de déchoir, la France doit se hâter de suivre cet exemple. Aussi le vœu du gouvernement et des Chambres est de voir se propager, dans la plus large mesure possible, les associations professionnelles et les œuvres qu'elles sont appelées à engendrer. »

Par ce moyen, ils fonderont : 1° des sociétés de consommation qui achèteront en gros pour les revendre aux associés en détail les choses nécessaires aux besoins de la vie et les objets utiles aux travaux de l'industrie et de l'agriculture; 2° des sociétés de production à l'aide desquelles les produits pourront être vendus collectivement, des travaux pourront être exécutés et des marchés conclus; 3° enfin des sociétés de crédit mutuel qui procureront aux syndiqués le moyen d'obtenir à des conditions modérées les sommes d'argent nécessaires à leurs besoins.

En dehors des formes de la société à capital variable, les syndicats peuvent encore, en profitant d'autres dispositions de la loi de 1867, créer des sociétés protégeant leurs membres contre les fléaux et accidents qui peuvent les atteindre dans leur personne ou leur fortune. S'ils sont industriels, les syndicats peuvent ainsi, outre les sociétés de secours mutuels et de retraite prévues par le § 4 de l'article 6, constituer entre leurs membres des caisses d'assurance contre le chômage et les maladies, les accidents du travail, etc., et s'ils sont agricoles, ils peuvent compléter ce système de prévoyance en créant des sociétés ou caisses d'assurances contre la grêle et la mortalité des bestiaux.

Ce sont ces diverses institutions de prévoyance, qui sont susceptibles d'être annexées aux syndicats professionnels, dont l'étude va faire l'objet du chapitre suivant.

CHAPITRE II

DES INSTITUTIONS DE PRÉVOYANCE QUI SONT SUSCEPTIBLES D'ÊTRE ANNEXÉES AUX SYNDICATS PROFESSIONNELS

Les syndicats professionnels, aux termes du § 4 de l'article 6, peuvent, nous l'avons dit plus haut, sans autorisation, mais en se conformant aux autres dispositions de la loi, constituer entre leurs membres des caisses spéciales de secours mutuels et de retraites. Ils peuvent aussi, et cela résulte de l'esprit aussi bien que des travaux préparatoires de la loi de 1884, ils peuvent aussi, disons-nous, créer entre leurs membres des caisses spéciales d'assurances contre les risques qui les menacent dans leur personne ou leur fortune.

Nous allons donc, dans les deux sections qui composeront ce chapitre, considérer successivement les syndicats professionnels : 1° comme créateurs de caisses de secours mutuels; 2° comme créateurs de caisses d'assurance contre les divers risques professionnels (1).

(1) Si nous faisons une distinction entre les caisses de secours mutuels et les caisses d'assurance, c'est d'abord parce que les caisses de secours mutuels se proposent en général de parer simultanément à plusieurs risques, tandis que les caisses d'assurance, au contraire, n'ont chacune pour but que d'assurer contre un risque déterminé; c'est aussi parce que les unes comprennent, ou du moins peuvent comprendre, des membres honoraires, tandis que les autres n'admettent que des membres participants.

SECTION I

DES SOCIÉTÉS DE SECOURS MUTUELS QUI PEUVENT ÊTRE CONSTITUÉES ENTRE LEURS MEMBRES PAR LES SYNDICATS PROFESSIONNELS OUVRIERS

On compte actuellement en France trois catégories de sociétés de secours mutuels. Ce sont : les sociétés libres, les sociétés approuvées, les sociétés reconnues d'utilité publique.

Aux termes de la loi récente du 5 avril 1898, qui a abrogé le décret du 26 mars 1852, elles se proposent toutes d'atteindre un ou plusieurs des buts suivants : assurer à leurs membres participants et à leurs familles des secours en cas de maladie, blessures ou infirmités; leur constituer des pensions de retraite; contracter à leur profit des assurances individuelles ou collectives en cas de vie, de décès ou d'accidents; pourvoir aux frais des funérailles, et allouer des secours aux ascendants, aux veufs, veuves ou orphelins des membres participants décédés.

Elles peuvent, en outre, accessoirement, créer au profit de leurs membres des cours professionnels, des offices gratuits de placement, et accorder des allocations en cas de chômage, à la condition qu'il soit pourvu à ces trois ordres de dépenses au moyen de cotisations ou recettes spéciales (art. 1er).

De plus, aux termes de la même loi, quelle que soit la classe à laquelle elles appartiennent, les sociétés de secours mutuels sont soumises à un certain nombre d'obligations et sont également dotées d'un certain nombre de droits identiques.

C'est ainsi que, d'une part : 1° les sociétés de secours mutuels doivent toutes être administrées et dirigées par des Français majeurs, de l'un ou de l'autre sexe, non déchus de leurs droits civils ou civiques (art. 3); — 2° qu'un mois avant leur fonctionnement, leurs fondateurs doivent déposer en double exemplaire les statuts de ces associations et la liste des noms et adresses de toutes les personnes qui, sous un titre quelconque, seront chargées à l'origine de l'administration ou de la direction (art. 4); — 3° que leurs statuts doivent obligatoirement contenir certaines dispositions énumérées par la loi (art. 5); — 4° que dans les trois premiers mois de chaque année, elles doivent adresser au ministre de l'intérieur la statistique de leur effectif, du nombre et de la nature des cas de maladie de leurs membres, telle qu'elle est prescrite par la loi du 30 novembre 1892 (art. 7).

Enfin les infractions aux dispositions de la loi entraînent les mêmes conséquences pour toutes les sociétés (art. 10), et leur dissolution, qu'elle soit volontaire (art. 11) ou demandée par le ministère public, est soumise aux mêmes règles (art. 10).

C'est ainsi, d'autre part, que les sociétés de secours mutuels peuvent toutes : 1° se composer de membres participants et de membres honoraires (art. 3); — 2° former entre elles des Unions (art. 8); — 3° contracter des assurances, soit en cas de décès, soit en cas d'accidents, aux caisses d'assurances instituées par la loi du 11 juillet 1868, en se conformant aux prescriptions des articles 7 et 15 de ladite loi (art. 9); — 4° ester en justice et obtenir l'assistance judiciaire; — 5° enfin, les secours, pensions, contrats d'assurances, livrets, etc., à remettre par elles à leurs membres participants, sont incessibles et insaisissables jusqu'à concurrence de 360 francs par an pour les recettes et de 3,000 francs pour les capitaux assurés (art. 12).

Mais si les trois catégories de sociétés de secours mutuels distinguées par la loi peuvent se proposer un même but et jouissent d'un certain nombre de droits identiques, elles diffèrent beaucoup l'une de l'autre quant aux avantages qui leur sont octroyés par le législateur.

Les *sociétés libres*, comme leur nom l'indique, n'ont besoin pour exister d'aucune autorisation. Il leur suffit de se conformer aux prescriptions contenues dans le titre Ier de la loi que nous venons d'analyser.

Elles ne possèdent qu'une personnalité civile restreinte, mais elles ont cependant des prérogatives assez importantes.

Elles peuvent :

1° Recevoir et employer les sommes provenant des cotisations de leurs membres honoraires et participants;

2° Posséder des objets mobiliers, prendre des immeubles à bail pour l'installation de leurs services;

3° Recevoir des dons et legs mobiliers avec l'autorisation du préfet;

4° Acquérir des immeubles, mais à la condition expresse, toutefois, qu'ils soient exclusivement affectés à l'installation de leurs services;

5° Faire des versements aux caisses d'épargne proprement dites et à la caisse d'épargne postale.

6° Elles sont exonérées de l'impôt sur les cercles, lieux de réunion, etc., établi par la loi du 16 septembre 1871.

Les *sociétés approuvées* forment la seconde classe des sociétés de secours mutuels. L'approbation leur est donnée par arrêté ministériel et ne peut être refusée que : 1° pour non-conformité des statuts avec les dispositions de la loi; 2° si les statuts ne prévoient pas des recettes proportionnées aux dépenses pour la constitution des retraites garanties ou des assurances en cas de vie, de décès ou d'accidents (art. 16).

Les sociétés approuvées ont tous les droits accordés aux sociétés libres et jouissent, en outre, de très grands avantages qui se résument ainsi :

1° Faculté de recevoir des dons et legs immobiliers, sous

réserve de l'autorisation du Conseil d'État; d'acquérir les immeubles nécessaires soit à leurs services d'administration, soit à leur service d'hospitalisation, après y avoir été autorisées par décret rendu en Conseil d'État (art. 17).

2° Obligation pour la commune de leur fournir, si elles le demandent, les locaux nécessaires, ainsi que les livrets et registres nécessaires à l'administration et à la comptabilité; le département doit subvenir à ces dépenses en cas d'insuffisance des ressources de la commune (art. 18).

3° Remise des deux tiers des droits sur les convois dont elles peuvent avoir à supporter les frais, aux termes de leurs statuts, dans les villes où il existe une taxe municipale sur les convois (art. 18).

4° Exemption des droits de timbre et d'enregistrement pour tous les actes qui les concernent, et exemption du droit de timbre de quittance pour les reçus de cotisations des membres honoraires ou participants, pour les reçus des sommes versées aux pensionnaires, ainsi que pour les registres à souche qui servent au paiement des journées de maladies (1) (art. 19).

5° Délivrance gratuite des certificats, actes de notoriété et autres pièces exclusivement relatives à l'exécution de la présente loi et des lois du 11 juillet 1868 et du 20 juillet 1886, et exemption des droits de timbre et d'enregistrement pour ces mêmes actes.

6° Faculté de posséder et d'acquérir des immeubles jusqu'à concurrence des trois quarts de leur avoir, de les vendre et de les échanger (2) (art. 20).

(1) Cette disposition, nous dit le même article, n'est cependant pas applicable aux transmissions de propriété, d'usufruit ou de jouissance de biens meubles et immeubles, soit entre vifs, soit par décès.

(2) Leurs autres placements doivent être effectués en dépôts aux Caisses

7° Faculté de verser des capitaux à la Caisse des Dépôts et Consignations : 1° en compte courant disponible; 2° en un compte affecté pour toute la durée de la société à la formation et à l'accroissement d'un fonds commun inaliénable (1).

8° Subventions de l'État.

Les *sociétés reconnues* sont des établissements d'utilité publique reconnus comme tels par un décret rendu en la forme d'un règlement d'administration publique. Elles ont tous les avantages concédés par la loi aux sociétés approuvées et jouissent en autres de la personnalité civile la plus complète. Elles peuvent posséder et acquérir, vendre et échanger des immeubles, dans les conditions déterminées par le décret déclarant l'utilité publique.

Étant donnée l'existence de ces trois classes de sociétés de secours mutuels, dans laquelle doit-on ranger celles qui peuvent être fondées par les syndicats professionnels?

Jusqu'à la loi récente du 5 avril 1898, cette question était très discutée.

Tout le monde, sans doute, était d'accord pour reconnaître que les sociétés fondées par les syndicats ne pourraient pas être rangées parmi les sociétés reconnues, parce que, d'une

d'épargne, à la Caisse des Dépôts et Consignations, en rentes sur l'État, bons du Trésor ou autres valeurs créées ou garanties par l'État, en obligations des départements et des communes, du Crédit foncier de France ou des Compagnies de chemins de fer qui ont une garantie d'intérêts de l'État. (Voyez art. 20.)

(1) Ces capitaux ainsi versés à la Caisse des Dépôts et Consignations portent intérêt à un taux égal à celui de la Caisse nationale des Retraites pour la vieillesse. Cependant au moyen d'un crédit inscrit chaque année au budget du ministère de l'intérieur, il est versé à titre de bonification, à chaque société de secours mutuels approuvée ou reconnue d'utilité publique, la différence entre le taux d'intérêts servi par la Caisse des Retraites et le taux de 4 1/2 % déterminé par le décret-loi du 26 mars 1852 et le décret du 26 avril 1856.

part, il n'avait certainement pas été dans l'intention du législateur de dispenser les syndicats des formalités exigées pour arriver à cette reconnaissance, et que d'autre part, on ne pouvait admettre que les syndicats pussent conférer aux sociétés fondées par eux plus de droits qu'ils n'en avaient eux-mêmes; n'ayant qu'une personnalité civile restreinte, ils ne pouvaient créer des sociétés reconnues à personnalité civile complète.

Mais le débat existait entre les sociétés libres et les sociétés approuvées.

Certains auteurs, se basant sur les termes mêmes de l'article 6 de la loi du 21 mars 1884 et sur la circulaire du ministre de l'intérieur, considéraient ces sociétés comme des sociétés libres. D'après eux, la seule faveur que la loi de 1884 leur accordât, était de les dispenser de l'autorisation exigée par l'article 291 du Code pénal. Pour le reste, elles devaient être soumises au droit commun, et devaient, par conséquent, si elles voulaient être sur le même pied que les sociétés approuvées, remplir les formalités exigées par l'article 7 du décret de 1852, pour l'approbation.

D'autres commentateurs de la loi sur les syndicats n'admettaient pas cette solution, et pensaient au contraire que les sociétés de secours mutuels fondées par les syndicats devaient être rangées parmi les sociétés approuvées. Pour eux, l'autorisation dont dispensait l'article 6 de la loi de 1884 était l'approbation du préfet exigée par le décret de 1852 pour les sociétés approuvées et non l'autorisation dont parle l'article 291 du Code pénal. En effet, disaient-ils, s'il se fût agi seulement de cette dernière autorisation, le texte de l'article 6, § 4, ne se serait pas compris. Il était en effet inutile d'y mettre ces expressions : « sans autorisation », puisque en vertu de l'article 1er de la loi, l'article 291 du

Code pénal n'étant pas applicable, l'autorisation n'était pas exigée.

Sans doute, ajoutaient-ils, le texte de l'article 6 porte *sans autorisation* et non *sans approbation*, ce qui aurait dû être, mais l'assimilation entre *autorisation* et *approbation* n'était pas chose nouvelle, elle avait été déjà faite plusieurs fois par le législateur, notamment dans l'article 12 de la loi de 1850, et dans l'article 18 du décret de 1852.

D'ailleurs, le texte même de la loi de 1884 ne faisait, à leur avis, que confirmer cette opinion. Ne disait-il pas, en effet, que les sociétés de secours mutuels fondées par les syndicats pourraient avoir des caisses de retraites? Or, en vertu de la loi de 1850 et du décret de 1852, les sociétés reconnues et approuvées avaient seules ce droit.

La loi du 5 avril 1898 sur les sociétés de secours mutuels est venue mettre un terme à cette controverse en supprimant la nécessité de l'autorisation, et en décidant dans son article 40 que « les syndicats professionnels constitués également aux termes de la loi du 21 mars 1884, qui ont prévu dans leurs statuts les secours mutuels entre leurs membres, bénéficieront des avantages de la présente loi, *à la condition de se conformer à ses prescriptions* ».

Cet article ne fut pas voté sans soulever quelque protestation. En effet, lorsque le projet de loi vint en deuxième lecture devant la Chambre, un député, M. Julien Goujon, en demanda la suppression. « Si, disait-il, en s'adressant au rapporteur, les syndicats veulent bénéficier de votre proposition de loi, des avantages qu'elle confère, vous pourrez peut-être exiger d'eux certaines garanties. Mais si les syndicats veulent être libres, s'ils veulent faire de la mutualité sous le couvert de la loi de 1884 et non sous le couvert de la loi actuelle, s'ils ne demandent rien, il serait vexatoire, comme le disait M. Goblet, d'exiger d'eux des déclarations de naissance. »

Après réplique du rapporteur de la loi, M. Audiffred, qui fit observer que l'intérêt des sociétaires exigeait que les sociétés de secours mutuels fondées par les syndicats fussent soumises comme les autres « aux règles instituées pour éviter les dilapidations et pour protéger l'actif social », la motion de M. Julien Goujon fut repoussée et l'article 40 maintenu.

Désormais, par conséquent, les syndicats professionnels qui voudraient fonder, entre leurs membres, des sociétés de secours mutuels, devront se conformer aux prescriptions contenues dans le titre Ier de la loi qui a pour rubrique : « Dispositions communes à toutes les sociétés. » Les sociétés ainsi fondées seront des sociétés libres, mais elles pourront être approuvées ou reconnues d'utilité publique, si elles en font la demande suivant les formes prescrites par l'article 16 ou 32 de la même loi.

Quant à celles qui ont été fondées par les syndicats, antérieurement à la promulgation de la loi du 5 avril 1898, par application de l'article 37, elles devront, dans le délai de deux ans, se conformer aux prescriptions de ladite loi.

Enfin, la loi du 21 mars 1884 impose aussi à ces sociétés une règle spéciale que nous devons sommairement indiquer.

Tout d'abord, « les sociétés syndicales de secours mutuels doivent posséder une individualité propre et avoir une administration et une caisse particulières ». Cela résulte d'une façon évidente du texte de la loi. D'une part, en effet, l'article 6, § 4, porte ces expressions : *caisses spéciales*, et d'autre part, l'article 7, § 2, déclare que le membre démissionnaire du syndicat conserve ses droits dans les sociétés de secours mutuels fondées par le syndicat et dont il est membre. Ces deux articles admettent donc que les deux associations sont distinctes et ont une individualité propre. D'ailleurs, leurs biens, en cas de dissolution, ne suivent pas la même destination, et les droits de chacune de ces associations sont différents.

CAISSES DE RETRAITES

Les syndicats professionnels peuvent toujours, sans autorisation, mais en se conformant aux dispositions de la loi, fonder entre leurs membres des caisses de retraites. Ces caisses ne sont d'ailleurs qu'un accessoire des sociétés de secours mutuels.

Aux termes de l'article 22 de la loi du 5 avril 1898, les pensions de retraites peuvent être constituées soit sur le fonds commun, soit sur le livret individuel qui appartient en toute propriété à son titulaire, à capital aliéné ou réservé.

I. *Retraites constituées sur le fonds commun.* — Aux termes du décret réglementaire du 26 avril 1856, le fonds commun de retraites se composait :

1° Des prélèvements faits par les sociétés sur les excédents de recettes;

2° Des subventions spéciales accordées par l'État, le département ou la commune;

3° Des dons et legs faits à la société avec affectation spéciale au service des pensions, et dont l'acceptation avait été autorisée par l'autorité compétente (art. 910 et 935 C. civ.; décret du 26 mars 1852, art. 8).

Désormais, sous l'empire de la loi de 1898, les statuts de chaque société déterminent si elle entend user de cette faculté de constituer un fonds commun, et dans quelles conditions; les statuts règlent de plus les moyens de l'alimenter, qu'il s'agisse d'un fonds commun conservé ou d'un fonds commun à créer. Ils décident notamment si la société devra verser à ce fonds, en totalité ou en partie, les subventions de l'État, les dons et legs, les cotisations des membres honoraires et les autres ressources disponibles (art. 21).

Les pensions de retraite alimentées par le fonds commun sont constituées à capital réservé au profit de la société.

La fixation de leur quotité et de l'âge de l'entrée en jouissance est déterminée par les statuts. Toutefois, aux termes de l'article 23, deuxième alinéa, les bénéficiaires doivent obligatoirement remplir certaines conditions d'âge et de durée d'affiliation à la caisse. Ils doivent être âgés d'au moins cinquante ans et avoir acquitté la cotisation sociale pendant quinze ans au moins.

Les pensions sont servies par la Caisse des retraites pour la vieillesse instituée par la loi du 10 juin 1850 et réorganisée par la loi du 20 juillet 1886, ou directement par la société à l'aide des intérêts du fonds commun.

II. *Pensions de retraite constituées par livret individuel.* — Les pensions de retraite constituées par livret individuel, à l'aide de la Caisse nationale des retraites ou d'une caisse autonome, sont formées, en conformité des statuts, au moyen de versements effectués par la Société au compte de chacun de ses membres participants.

Ces versements proviennent :

1° De la cotisation spéciale que le sociétaire a lui-même acquittée en vue de la retraite, ou de la portion de la cotisation unique prélevée en vue de ce service;

2° De tout ou partie des arrérages annuels du fonds commun inaliénable, s'il en existe un;

3° Des autres ressources dont les statuts autorisent l'emploi en capital au profit des livrets individuels.

Les versements effectués par la société sur le livret individuel le sont à capital aliéné ou à capital réservé, au profit de la société, suivant que les statuts en auront décidé.

Quant aux versements qui proviennent de cotisations du membre participant, ils peuvent être, au choix de ce membre, faits à capital aliéné ou à capital réservé, au profit de ses ayants droit.

Pour la liquidation des pensions de retraite constituées à capital aliéné et à jouissance immédiate par les sociétés de secours mutuels, les tarifs de la Caisse nationale des retraites doivent être calculés jusqu'à quatre-vingts ans.

Ces pensions de retraite, qu'elles soient constituées sur le fonds commun ou par un livret individuel, ne peuvent dépasser 1,200 francs, chiffre maximum que la Caisse des retraites est autorisée à faire inscrire sur la même tête (loi du 20 juillet 1886, art. 6).

Enfin les caisses de retraites fondées par les syndicats professionnels et les pensions de retraite servies par ces caisses pourront bénéficier des subventions de l'État, telles qu'elles sont prévues et réglées dans l'article 26 de la loi du 5 avril 1898, mais à la condition toutefois de remplir les conditions exigées par l'article 28 de la même loi.

Disons, en terminant, que par application de l'article 28, les sociétés de secours mutuels fondées par les syndicats peuvent, en dehors des retraites garanties ou non garanties, constituées soit à l'aide des fonds communs, soit au moyen du livret individuel, accorder à leurs membres des allocations non pas viagères, mais annuelles, prises sur les ressources disponibles. Le montant de ces allocations est fixé chaque année par l'assemblée générale, qui en désigne les titulaires parmi les membres âgés de plus de cinquante ans et ayant acquitté la cotisation sociale au moins pendant quinze ans.

Les statuts déterminent les autres conditions que doivent remplir les bénéficiaires.

Le service de ces allocations annuelles s'effectue à l'aide des arrérages du fonds commun inaliénable ou des autres ressources disponibles.

Enfin, une indemnité pécuniaire, fixée également chaque année en assemblée générale, et prélevée sur les fonds de réserve, peut être allouée aux membres participants devenus infirmes ou incurables avant l'âge fixé par les statuts pour être admissibles à la pension viagère de retraite.

SECTION II

DES CAISSES D'ASSURANCES QUI PEUVENT ÊTRE CONSTITUÉES ENTRE LEURS MEMBRES PAR LES SYNDICATS PROFESSIONNELS

Nous avons vu, dans la section précédente, comment et dans quelles conditions, aux termes de l'article 6, § 4, de la loi du 21 mars 1884, les syndicats professionnels peuvent fonder des caisses spéciales de secours mutuels.

Cette faculté est la seule que le législateur leur donne d'une manière expresse pour réaliser l'assurance ouvrière; mais, nous l'avons dit, et nous le répétons, il résulte des travaux préparatoires aussi bien que de l'esprit de la loi de 1884 que les syndicats ont un autre moyen de réaliser cette œuvre.

En effet, la loi de 1884 étant avant tout une loi de liberté, et aucune de ses dispositions ne le leur interdisant, les syndicats professionnels peuvent assurément créer entre leurs membres des caisses d'assurances contre les risques auxquels ils sont exposés dans leur personne et leur fortune. S'ils sont industriels, ils peuvent donc, à l'instar des Trade Unions anglaises, prendre l'initiative de caisses d'assurances contre le chômage, la maladie, les accidents professionnels, la vieillesse, la mort elle-même, à la condition toutefois de se conformer aux dispositions de la loi du 24 juillet 1867 et du décret du 22 janvier 1868 qui sont relatives aux sociétés d'assurances mutuelles. S'ils sont agricoles, ils peuvent en outre créer des caisses d'assurances contre la mortalité des bestiaux, la grêle et les autres risques qui menacent les récoltes.

Sans insister autrement sur les dispositions législatives que nous venons de signaler, nous allons dans cette deuxième section essayer de montrer comment, à notre avis, pourrait fonctionner ce système de l'assurance ouvrière et agricole par les syndicats.

Notre section sera tout naturellement divisée en deux paragraphes qui seront consacrés, le premier, à l'étude du rôle des syndicats ouvriers dans les assurances ouvrières, le second à l'étude du rôle des syndicats agricoles dans les assurances agricoles.

§ I.

DU RÔLE DES SYNDICATS OUVRIERS DANS LES ASSURANCES OUVRIÈRES

Avec M. Brentano et M. Chaufton, nous avons dit précédemment que, pour avoir une sécurité complète, l'ouvrier devait contracter les six assurances suivantes :

1° Une assurance ayant pour objet une rente destinée à nourrir et à élever ses enfants, dans le cas de mort prématurée;

2° Une assurance de rente pour ses vieux jours;

3° Une assurance ayant pour objet la somme nécessaire pour avoir des funérailles décentes;

4° Une assurance pour le cas d'infirmités;

5° Une assurance pour le cas de maladie;

6° Une assurance pour le cas de chômage par suite du manque de travail.

Ces six assurances constituent ce qu'on est convenu d'appeler d'un terme générique : *l'assurance ouvrière*.

Or nombreuses et diverses sont les causes qui ont jusqu'ici empêché l'assurance ouvrière de se propager dans les classes laborieuses. C'est d'abord l'ignorance de ses bienfaits, ignorance qui a sa cause dans l'insuffisance des moyens employés pour la propager, pour la rendre accessible à tous et pour stimuler l'initiative individuelle. C'est aussi la difficulté et les frais de perception, l'absence de formes de contrat s'adaptant aux conditions de l'existence de l'ouvrier et à son tempérament particulier. C'est enfin et surtout le chiffre élevé de la prime eu égard aux ressources dont dispose le travailleur, et la fixité des échéances.

Nous allons essayer de montrer dans ce paragraphe comment les syndicats ouvriers peuvent arriver, suivant nous, à atténuer dans une très large mesure et même à faire disparaître la plupart des obstacles qui éloignent les travailleurs de l'assurance ouvrière.

Le premier de ces obstacles, avons-nous dit, provient de ce que la plupart des ouvriers sont dans l'ignorance absolue des bienfaisants résultats de l'assurance. Ils ne savent généralement pas qu'ils peuvent grâce à elle assurer à leur famille un avenir paisible et mettre leur vieillesse à l'abri de la misère; et à ceux qui, moins ignorants, connaissent les diverses combinaisons que permet l'assurance, cette tâche paraît être au dessus de leurs forces, car, pensent-ils, il leur faudrait supporter des sacrifices trop considérables. La caisse d'épargne est la seule institution de prévoyance qu'ils connaissent et dont ils apprécient les bienfaits. Aussi tous leurs efforts ne tendent-ils, en général, qu'à la formation d'un petit pécule qui, ils l'espèrent du moins, suffira à mettre leur vieillesse à l'abri du besoin.

Ce sont là autant d'erreurs et de préjugés très préjudiciables à la classe ouvrière, que les syndicats professionnels peuvent facilement arriver à dissiper dans l'esprit de leurs membres, grâce aux cours professionnels que la loi leur permet de fonder. Que, dans ces cours, les conférenciers s'attachent à démontrer aux ouvriers, avec preuves à l'appui, que l'épargne est impuissante à leur assurer l'avenir, si elle a uniquement pour but d'amasser un petit pécule; qu'ils leur apprennent qu'à côté de l'épargne ordinaire dont le produit reste toujours disponible pour le jour du besoin, il existe une autre épargne tout aussi utile, presque aussi facile à pratiquer, mais d'une portée plus haute et plus lointaine, et qui, si elle absorbe, sans esprit de retour, une partie des économies, donne en revanche la tranquillité à la famille et le pain assuré pour les vieux jours; — et les préjugés qui éloignent l'ouvrier de l'assurance, quelque enracinés qu'ils soient, ne tarderont pas à disparaître.

Mais les syndicats ne doivent pas se borner à faire connaître à leurs membres les bienfaits de l'assurance, ils doivent encore leur en faciliter la pratique, en obtenant, d'une part, une diminution aussi considérable que possible du chiffre trop élevé de la prime, et en supprimant, d'autre part, les difficultés que sa perception soulève, ainsi que les frais qu'elle entraîne.

Pour arriver à ce résultat, les syndicats ouvriers ont à choisir entre les trois systèmes suivants :

1° Créer entre leurs membres des caisses autonomes

d'assurances mutuelles contre chacun des risques que nous avons énumérés;

2° Traiter avec des compagnies particulières d'assurances afin qu'elles fassent à leurs membres les conditions les plus favorables possibles;

3° Combiner ces deux systèmes en s'adjoignant celles de ces caisses d'assurances qui par leur nature demandent à être gérées de préférence par des associations professionnelles, et en se contentant pour les autres risques de jouer le rôle d'intermédiaires entre leurs membres et les compagnies particulières d'assurances.

Nous allons dire un mot de chacun de ces systèmes.

1. *Caisses syndicales d'assurances mutuelles.*

Les syndicats ont un premier moyen de mettre l'assurance ouvrière à la portée de leurs membres; c'est de fonder entre eux des caisses autonomes d'assurances mutuelles contre chacun des risques qui les menaceut.

Rien ne les empêche, en effet, d'imiter les Trade Unions anglaises en s'adjoignant à leur exemple des caisses de chômage, de maladies, d'accidents, de funérailles, etc. Mais s'ils veulent user de cette faculté, qui, si elle ne leur est pas formellement octroyée par la loi de 1884, n'en existe pas moins pour eux, nous l'avons montré, ils doivent observer les règles prescrites par la loi du 24 juillet 1867 et par le décret du 22 janvier 1868 pour la constitution des sociétés d'assurances mutuelles. Ils doivent en outre, à notre avis, se conformer aux dispositions contenues dans les articles 6, § 4, et 7, § 2, de la loi du 21 mars 1884, qui déterminent les personnes susceptibles de faire partie des sociétés de secours mutuels dues à l'initiative syndicale, et qui règlent aussi l'administration de ces sociétés.

Par application de ces articles, de même que les sociétés syndicales de secours mutuels doivent posséder une individualité propre et avoir une administration et une caisse particulières, nous déciderons donc que les caisses syndicales d'assurances mutuelles doivent avoir elles aussi une individualité propre, et que leurs fonds doivent être distincts de ceux du syndicat. Nous déciderons en second lieu que ces caisses syndicales d'assurances ne doivent comprendre, comme ces mêmes sociétés de secours mutuels, que les membres du syndicat, à l'exclusion de tout autre individu qui lui est étranger. Toutefois, conformément à l'article 7, § 2, nous reconnaîtrons aux anciens membres du syndicat le droit de continuer à faire partie de ces caisses, nonobstant leur démission ou leur exclusion du syndicat.

Telles sont rapidement indiquées les obligations d'ordre purement juridique auxquelles doivent se soumettre les syndicats professionnels désireux de s'adjoindre les diverses caisses d'assurances que nous avons énumérées plus haut. Nous n'y insisterons pas autrement.

Il est une autre règle, nullement juridique, il est vrai, mais qui s'impose cependant d'une façon absolue aux syndicats, comme d'ailleurs à tous ceux qui veulent entreprendre une assurance quelconque : nous voulons parler de la nécessité de graduer les primes proportionnellement aux risques.

Trop souvent dans les mutualités ouvrières on oublie que cette graduation rationnelle est ce qui constitue la véritable assurance. Et cependant les syndicats qui, au moyen de caisses spéciales fondées par eux et administrées sous leur contrôle, assurent à ceux de leurs membres qui ont adhéré à ces caisses, des secours en cas d'infirmités, une pension de retraite, des funérailles décentes, ainsi que les moyens de pourvoir à l'éducation de leurs enfants pour le cas où ils mourraient prématurément, font autant de variétés d'assurances sur la vie; ils doivent donc faire varier les primes relatives à ces assurances avec l'âge du contractant.

En ce qui concerne l'assurance contre les accidents, ils doivent, dans le calcul des primes, tenir compte du plus ou moins de danger que présente la profession à laquelle appartient l'ouvrier qui veut s'assurer, et la cotisation qui lui sera demandée devra être suffisante pour faire face : 1° aux dépenses courantes; 2° à la constitution d'une réserve suffisante pour garantir le service des pensions allouées aux associés qui par suite d'un accident professionnel se trouvent pour le reste de leur vie dans l'impossibilité de travailler (1).

(1) Puisque nous parlons de l'assurance contre les accidents professionnels, nous ne pouvons pas passer sous silence la loi récente du 9 avril 1898 sur la responsabilité des accidents du travail.

Cette loi s'étend « aux travailleurs et employés des fabriques, du bâtiment, des mines et carrières, des entrepôts, des entreprises de transport, et, en général, de toutes les exploitations où il est fait usage d'engins mécaniques ». Elle institue à leur profit un régime tout différent de celui de l'article 1382 du Code civil. Pour ces ouvriers et employés, et jusqu'à concurrence d'un salaire de 2,400 francs (pour le surplus le salaire n'intervient que pour un quart), elle substitue au régime de l'indemnité fixée au gré des tribunaux, une indemnité certaine, variant suivant la gravité de l'accident, et ayant le caractère forfaitaire.

C'est ainsi qu'aux termes de l'article 3, l'ouvrier ou l'employé a droit :

Pour l'incapacité absolue et permanente, à une rente égale aux deux tiers de son salaire annuel;

Pour l'incapacité partielle et permanente, à une rente égale à la moitié de la réduction que l'accident aura fait subir au salaire;

Pour l'incapacité temporaire, à une indemnité journalière égale à la moitié du salaire touché au moment de l'accident, si l'incapacité de travail a duré plus de quatre jours et à partir du cinquième jour.

Lorsque l'accident est suivi de mort, une pension, dont le quantum varie (voyez art. 3, A, B et C), est servie : au conjoint survivant non divorcé ou

Dans l'assurance en cas de maladie, devront entrer en ligne de compte, pour le calcul des primes, les trois facteurs suivants : 1° l'âge de l'ouvrier; 2° sa profession; 3° le lieu où il exerce cette profession.

Enfin dans l'assurance en cas de chômage, les syndicats devront prévoir les chômages qui se produisent périodiquement d'une façon à peu près régulière dans chaque profession. Ils devront également se préoccuper des crises industrielles qui peuvent survenir subitement et qui échappent à toute prévision. En vue de cette dernière éventualité, ils feront sagement de consacrer une partie de la cotisation afférente à cette assurance à la constitution d'un fonds de réserve qui sera destiné à couvrir les dépenses extraordinaires susceptibles d'être occasionnées par ces crises.

Tel est le premier moyen qu'ont les syndicats ouvriers de réaliser l'assurance ouvrière.

séparé de corps, à la condition toutefois que le mariage ait été contracté avant l'accident; — aux enfants, légitimes ou naturels, reconnus avant l'accident; — à chacun des ascendants et descendants qui étaient à sa charge, si la victime n'a ni conjoint ni enfant.

Enfin aux termes de l'article 4, le chef d'entreprise supporte en outre les frais médicaux et pharmaceutiques et les frais funéraires. Ces derniers sont évalués à la somme de 100 francs au maximum.

Le caractère forfaitaire de l'indemnité, conséquence du risque professionnel, a pour effet de supprimer, en principe, toute distinction entre les accidents d'après le degré de responsabilité encourue, soit par le patron, soit par la victime. La loi n'admet une distinction qu'en cas de faute inexcusable ou intentionnelle de la victime. Dans le premier cas, le principe forfaitaire est respecté, l'indemnité est seulement diminuée. Dans le second cas, il y a délit, et l'indemnité est par conséquent supprimée. De même, quant à la responsabilité patronale, lorsqu'il est prouvé qu'il y a eu faute inexcusable, elle peut aussi être aggravée, mais les rentes attribuées aux victimes ne peuvent être, dans ce cas, majorées que jusqu'à concurrence du salaire annuel.

Aucune assurance obligatoire n'est instituée par la loi. En ce qui concerne les mesures à prendre en vue de s'acquitter de leur dette, la loi laisse aux

Ce système de caisses d'assurances autonomes, fondées sur l'initiative des associations professionnelles ouvrières et administrées sous leur contrôle, qui est, nous l'avons vu, le système suivi avec tant de succès par les Trade Unions anglaises, a-t-il autant de chances de réussir dans notre pays qu'au delà de la Manche ? Nous ne le croyons pas, ou, pour mieux dire, nous estimons que son emploi serait chose prématurée en France, et cela pour les raisons que nous allons indiquer.

Tandis que, grâce à leurs ramifications nombreuses, qui embrassent tout le territoire du Royaume-Uni, et qui même, pour quelques-unes, s'étendent au delà de ses frontières, grâce aussi aux milliers de membres qu'elles comptent, grâce enfin à leur colossale fortune et à leur admirable organisation, les Trade Unions se trouvent placées dans une situation particulièrement favorable pour entreprendre la création de

chefs d'entreprise une liberté complète. Mais à défaut d'assurance obligatoire, le paiement des indemnités est néanmoins garanti par l'État, de la manière suivante :

Un fonds spécial de garantie est constitué et la gestion en est confiée à la Caisse nationale des retraites pour la vieillesse. Ce fonds est alimenté par le prélèvement annuel de centimes additionnels à l'impôt des patentes, supporté par toutes les entreprises visées par la loi. En cas d'insolvabilité des chefs d'entreprise débiteurs, la Caisse des retraites paie les rentes aux intéressés, en puisant dans le fonds de garantie, mais alors elle pourra exercer directement un recours contre les débiteurs. Par débiteurs, il y a lieu d'entendre seulement les industriels non assurés, car dans le cas d'assurance du chef d'entreprise, la Caisse nationale des retraites n'aura à intervenir que si la compagnie ou la société d'assurances fait faillite. Dans ce cas, elle exercera son recours contre l'assureur.

La loi prévoit enfin la surveillance des compagnies d'assurances mutuelles ou à primes fixes contre les accidents, françaises ou étrangères ; elle stipule, pour ces sociétés, l'obligation de constituer des réserves. (Le détail du contrôle de l'État, ainsi que les conditions dans lesquelles doivent être constituées ces réserves, sont déterminés par un règlement d'administration publique du 28 février 1899.)

caisses d'assurances mutuelles contre chacun des risques qui menacent leurs membres; nos syndicats ouvriers, au contraire, nés seulement d'hier, en général exclusivement locaux, ne comptant qu'un petit nombre d'adhérents, sauf quelques rares exceptions, et ne possédant pour la plupart qu'une fortune des plus minimes, n'ont, pour le moment du moins, aucune des qualités indispensables pour réussir dans cette voie. Aussi croyons-nous que c'est à une autre combinaison que nos syndicats ouvriers doivent demander le moyen de faire bénéficier leurs membres des bienfaits de l'assurance ouvrière.

II. *Les Syndicats professionnels peuvent, en second lieu, servir d'intermédiaires entre les compagnies d'assurances et leurs membres.*

Au commencement de cette étude, nous avons recherché à quoi tenait le peu de développement de l'assurance parmi les classes laborieuses, et nous avons dit que le chiffre élevé de la prime eu égard aux ressources de l'ouvrier, la difficulté de sa perception et les frais que cette perception entraîne, pouvaient en être regardés comme les principales causes.

Ces deux obstacles sont, il faut bien le reconnaître, à peu près insurmontables pour les compagnies d'assurances et même pour l'État.

Il est certain, en effet, que les primes des petits contrats, tels que sont forcément ceux que peuvent conclure des ouvriers vivant uniquement du produit de leur travail, il est certain, disons-nous, que les primes de ces petits contrats exigeraient, de la part des agents chargés de leur recouvrement, des démarches réitérées qui, leur occasionnant de grandes pertes de temps, coûteraient par conséquent beaucoup d'argent. De là l'éloignement, en quelque sorte systématique,

que nos compagnies françaises d'assurances ont professé jusqu'ici vis-à-vis de la classe ouvrière. N'étant pas organisées pour les petites bourses, elles n'ont pas voulu assumer des charges qui seraient hors de proportion avec les bénéfices à retirer.

A notre avis, l'État lui-même ne peut pas espérer mieux réussir, dans cette voie, que les compagnies privées, car il serait dans l'impossibilité de mesurer, même approximativement, la portée de cette charge nouvelle.

Resteraient, pour résoudre cette question si importante de l'assurance ouvrière, les syndicats professionnels auxquels le législateur de 1884 a donné droit de cité en France. Ces groupements seraient sans doute mieux placés que l'État et que les compagnies privées pour aplanir les difficultés qui tiennent l'ouvrier éloigné de cette bienfaisante institution; les beaux résultats obtenus en ce sens par les Trade Unions anglaises en sont la meilleure des preuves. Malheureusement, comme nous l'avons dit dans le paragraphe précédent, leur caractère exclusivement local, leur manque de ressources et le nombre restreint de leurs membres, ne leur permettent pas encore, comme leurs aînés d'outre-Manche, d'entreprendre seuls avec quelques chances de succès l'assurance ouvrière.

Aussi arrivons-nous à cette conclusion, que les efforts isolés des associations professionnelles ouvrières, comme ceux des compagnies d'assurances et de l'État, peuvent être considérés en France comme impuissants à résoudre ce problème (1).

(1) En Angleterre, une compagnie privée, la « Prudential Assurance », y a obtenu un véritable succès. Elle a couvert le pays d'un réseau serré d'agents et reste en communication constante avec les ouvriers. Ses primes sont hebdomadaires; ses assurés se comptent par milliers.

En Hollande et en Belgique une compagnie, l' « Utrecht », fondée dans la

Au contraire, la solution serait, selon nous, chose relativement aisée, si nos syndicats professionnels, se mettant résolument à l'œuvre, faisaient appel au concours des compagnies d'assurance et voyaient leur tâche encouragée et facilitée par l'État.

Leur rôle serait simple et facile; il pourrait s'exercer de la manière suivante :

1° Les syndicats débattraient, en premier lieu, avec les compagnies d'assurances, les conditions de chaque catégorie de contrats.

2° Ils se chargeraient de percevoir les primes et en verseraient directement le montant à la caisse de la compagnie.

3° Ils pourraient enfin, suivant leurs ressources, prendre à leur charge une partie plus ou moins forte de la prime,

ville de ce nom, a, elle aussi, entrepris l'assurance ouvrière avec succès. Ses tarifs comprennent d'abord toutes les combinaisons d'assurances en cas de décès ou en cas de vie usitées en France. Elle demande toutefois des primes un peu plus faibles que nos compagnies. Mais elle nous intéresse surtout par ses « assurances populaires », pour lesquelles elle a deux tarifs : le tarif *hommes* et le tarif *femmes*, eu égard à la différence des dangers et des fatigues, et aussi à celle des salaires de l'ouvrière. Les primes en sont payables *par semaine*, et le capital assurable maximum est toujours très faible, n'ayant pour but, d'après les polices, « que de pourvoir aux frais qui sont la conséquence immédiate du décès ». C'est ce qu'on appelle l'*assurance d'enterrement*, qui est la plus populaire de toutes en Hollande. Grâce à cette assurance à primes hebdomadaires, un ouvrier âgé de trente ans, par exemple, peut, en prélevant seulement 24 centimes sur son salaire de chaque semaine, avoir la certitude de laisser à sa femme et à ses enfants, en cas de décès, une somme de 400 francs pour parer aux premiers besoins. Mais comme cette prime, si faible qu'elle soit, peut encore à certains moments être trop lourde pour les ouvriers des métiers qui chôment souvent en hiver, la Compagnie l'« Utrecht » a établi un tarif de primes hebdomadaires sans versements pendant les mois terribles, décembre, janvier et février. Dans les mêmes conditions que ci-dessus, le capital assuré est alors de 300 francs. — (Voyez à ce sujet, dans le numéro du 1er décembre 1890 de la *Réforme sociale*, l'article consacré à « l'Assurance libre en Hollande », p. 672 et suiv.)

de manière à réduire au strict minimum le prélèvement à demander à l'ouvrier sur son salaire.

Et d'abord, les syndicats devraient, disons-nous, débattre avec les compagnies d'assurances les conditions de chaque catégorie de contrats. Ces conditions, directement débattues entre les syndicats et les compagnies, seraient, sans nul doute, plus avantageuses que celles que pourrait obtenir un ouvrier isolé, obligé pour s'assurer d'avoir recours aux intermédiaires ordinaires des compagnies. D'ailleurs, par la force même des choses, le chiffre de la prime pourrait être réduit dans une très notable proportion, puisque dans notre système, l'association se chargerait de percevoir elle-même les primes et d'en adresser directement le montant au siège de la compagnie.

Grâce à la situation des syndicats vis-à-vis des assurés, cette perception, qui est pleine de difficultés pour les compagnies d'assurances et qui leur occasionne des frais considérables, se ferait d'une manière à la fois très simple et très commode et sans aucuns frais. Si le syndicat comptait seulement un petit nombre de membres, chacun d'eux, à tour de rôle, pourrait, par exemple, être chargé de recueillir la prime au jour le jour, par petites sommes, notamment au moment de la paie. Si, au contraire, le syndicat était plus important et si ses ressources étaient suffisantes, il pourrait faire choix d'un ou plusieurs agents collecteurs en relations constantes avec les assurés, et les investir de cette mission.

En se chargeant ainsi d'encaisser lui-même les primes dues par ses membres assurés, le syndicat, d'une part, aplanirait tous les obstacles dont cette perception est entourée, et, d'autre part, il aurait le moyen de remédier, dans une certaine mesure, à l'inconvénient qui résulte pour l'ouvrier de la fixité des échéances. Agissant, en effet, dans un rayon assez restreint, et étant en relations de chaque jour avec chacun de ses membres assurés, il lui serait en effet possible, le cas échéant, de suppléer à un léger retard de leur part et de les empêcher ainsi de se voir, par le fait d'une interruption imprévue et forcée dans leurs versements, déchus de tout droit à l'assurance.

Enfin nous avons dit, en troisième lieu, que les associations professionnelles pourraient prendre à leur charge une portion à déterminer de la prime. Le chiffre de l'allocation varierait selon les milieux et les professions; il serait plus ou moins élevé suivant les ressources des assurés et aussi de l'association. Cette allocation constituerait une prime à l'épargne et serait prise sur un fonds spécial alimenté par des dons et legs et des subventions de l'État, des départements et des communes.

Le fonds commun établi dans ces conditions constituerait un patrimoine collectif, à la bonne gestion duquel chaque associé aurait un intérêt direct, ce qui, soit dit en passant, serait la plus sûre garantie d'un contrôle efficace, sans lequel aucune de ces sociétés ne saurait subsister.

On peut objecter que ce système, qui a pour fondement le concours effectif de l'ouvrier pris individuellement et de l'association à laquelle il appartient, se heurtera, en pratique, à des difficultés financières à peu près insurmontables; que si, d'une part, en effet, les syndicats professionnels comptent un nombre un peu important de membres, le chiffre des allocations dont nous venons de parler, pour peu que ces allocations soient appréciables, sera pour eux une charge qui excédera fatalement leurs ressources; que si, d'autre part, ils ne peuvent réunir qu'un petit nombre d'associés, ils pourront plus facilement, sans doute, assurer le service de ces allocations, mais que, dans ce cas, les résultats obtenus seront insignifiants.

Nous reconnaissons volontiers que, dans le système dont nous venons d'exposer les grandes lignes, la question financière est celle dont la solution offre le plus de difficultés. C'est d'ailleurs pour cette raison que nous considérons le concours de l'État comme indispensable, et que nous voudrions voir également les départements et les communes subventionner les syndicats qui s'occuperaient ainsi de faciliter l'assurance à leurs membres. D'ailleurs, cette intervention de l'État, des départements et des communes, sans forme de subvention, nous paraît très rationnelle, parce que ces collectivités ont un même intérêt à encourager les institutions qui ont pour but et pour effet de diminuer le paupérisme. Cependant, nous devons dire, malgré cela, que les objections précédentes ne nous touchent guère.

Le nombre plus ou moins restreint des assurés susceptibles d'être réunis par un même syndicat ne peut nullement influer, suivant nous, ni sur le succès de notre système ni sur l'importance de ses résultats. Qu'importe, en effet, que les assurés groupés par une même association soient nombreux ou non, si ces associations elles-mêmes sont suffisamment multipliées! Nous dirons même que, pour le bon fonctionnement de notre organisation, qui repose en grande partie, nous l'avons montré, sur la connaissance et le contrôle mutuel des ouvriers entre eux, des groupements peu nombreux nous semblent être préférables à de vastes associations.

Peut-être objectera-t-on encore, que les syndicats professionnels, en s'engageant dans cette voie de l'assurance ouvrière, agiraient d'une manière imprudente, et pourraient peut-être, par une initiative inconsidérée, compromettre leur avenir.

Cette crainte ne nous paraît pas fondée. Que risquent-ils,

en effet? Rien, ou du moins peu de chose, puisque, simples intermédiaires entre leurs membres et les compagnies d'assurances, ils n'auraient d'autre responsabilité, vis-à-vis de ces dernières, que celle qui pourrait résulter pour eux du non-paiement de quelques primes. Mais comme les syndicats ne répondraient que du versement d'une année, rien ne les obligerait, une fois ce paiement effectué, à s'engager de nouveau, et ils pourraient, s'ils le préféraient, laisser encourir la déchéance de l'assuré.

Cependant, il faut bien le dire, cette combinaison, qui permet au travailleur de se garantir contre les suites des accidents professionnels, d'assurer l'avenir de ses enfants pour le cas où il mourrait prématurément, et de s'assurer à lui-même une retraite pour ses vieux jours, cette combinaison, disons-nous, contient une lacune; elle ne prémunit pas l'ouvrier contre deux éventualités redoutables qui le menacent : nous voulons parler de la maladie proprement dite et du chômage involontaire, risques qui ne sont prévus par aucune compagnie d'assurances.

Ces éventualités, au contraire, sont, elles aussi, prévues dans le troisième et dernier système que nous avons indiqué comme pouvant être adopté par les syndicats professionnels pour réaliser l'assurance ouvrière, système qui, en combinant les deux précédents, les corrige et les complète l'un par l'autre.

III. *Les syndicats professionnels peuvent, en troisième lieu, jouer pour certains risques le rôle d'assureurs principaux, et se contenter pour les autres d'être les intermédiaires entre les assurés et les compagnies privées d'assurances.*

Le système que nous venons d'étudier a l'extrême avantage, à nos yeux, d'offrir à tous les syndicats professionnels, quelle que soit leur importance, un moyen à la fois simple et pratique de répandre parmi leurs membres les bienfaits de l'assurance; mais il a aussi le grand défaut d'être impuissant à permettre aux ouvriers de se garantir contre les effets de la maladie et du chômage involontaire. Aussi sommes-nous amenés à lui préférer, bien qu'il soit plus complexe, et par conséquent d'une application plus difficile, le système que nous allons exposer, qui ne contient pas la même lacune, tout en présentant des avantages identiques.

Ce système est, nous l'avons dit, une combinaison des deux premiers.

Des six assurances qui constituent l'« assurance ouvrière », il en est quatre qûe nos associations professionnelles peuvent et doivent même, en l'état actuel des choses, laisser entreprendre par les compagnies d'assurances déjà existantes, qui sont en possession de la clientèle riche et aisée.

Ce sont : 1° l'assurance d'une rente destinée à assurer l'éducation des enfants en cas de mort prématurée du chef de famille; — 2° l'assurance d'une rente pour le cas d'accident; — 3° l'assurance d'une retraite pour la vieillesse; — 4° celle enfin qui a pour objet le paiement des frais funéraires.

Ces sociétés, en effet, aidées d'ailleurs dans cette entreprise par les syndicats professionnels, de la façon que nous avons indiquée plus haut, pourront assurer la classe ouvrière avec moins de frais que ces derniers ne le feraient eux-mêmes, parce qu'elles répartiront ces frais sur un plus grand nombre de contrats; et, grâce à leur grande habitude de dresser et d'appliquer des tarifs suivant les principes scientifiques de l'assurance, mieux qu'eux aussi, elles sauront proportionner les primes aux risques spéciaux des travailleurs.

En ce qui concerne donc ces quatre assurances, le rôle

attribué dans notre système aux syndicats professionnels ne différera pas de celui qui leur a été tracé dans le précédent. Ils resteront de simples intermédiaires destinés à faciliter et à simplifier les rapports des travailleurs et des sociétés d'assurances.

Les deux autres assurances, au contraire, c'est-à-dire l'assurance contre la maladie et l'assurance contre le chômage involontaire, qui, il faut bien le reconnaître, ne sont pas les moins importantes, ne se prêtent pas à cette manière de procéder. Leur nature exige un contrôle plus sérieux, que les compagnies d'assurances sont impuissantes à obtenir. Ce qu'il faut éviter, en effet, c'est que les paresseux n'abusent de la facilité qui leur serait donnée de vivre sans rien faire, soit en simulant la maladie, soit en prétextant le manque de travail, et ces abus ne seront prévenus que si les assurés sont surveillés par des personnes étant journellement en rapport avec eux et ayant un intérêt direct à les empêcher.

Aussi croyons-nous que de semblables assurances ne peuvent être entreprises avec succès que par des mutualités formées entre ouvriers d'une même profession, en d'autres termes, par des associations professionnelles, car pour une œuvre de ce genre, il faut que les ouvriers soient chez eux. Eux seuls sauront se surveiller.

Nos syndicats professionnels nous semblent donc tout désignés pour accomplir cette tâche, et c'est à eux qu'il appartient, à notre avis, de jouer ici le rôle d'assureurs principaux, en fondant eux-mêmes et en s'adjoignant une caisse d'assurance contre la maladie et une autre contre le chômage involontaire.

Mais, disons-le tout de suite, trop faibles pour pouvoir entreprendre isolément avec toutes chances de succès ces deux assurances, ils doivent, pour cela, user de la faculté de se grouper entre eux, qui leur est donnée par l'article 5 de la loi du 21 mars 1884. En se syndiquant ainsi à leur tour, comme le permet cet article, les syndicats d'une même profession pourront ainsi former de vastes Unions ayant chacune sa caisse d'assurances contre la maladie et le chômage involontaire, caisse qui sera alimentée par les caisses particulières des syndicats ayant adhéré à cette Union. Grâce à cette organisation, les risques seront répartis sur un grand nombre d'assurés, condition essentielle pour la réussite de toute assurance.

La création de la première de ces caisses est relativement facile. Grâce, en effet, aux tables de maladies existantes, il sera aisé aux syndicats de calculer les primes de façon à pouvoir, en cas de maladie et d'accidents n'entraînant qu'une incapacité de travail de quelques semaines, assurer aux associés, en même temps que la gratuité des soins médicaux et pharmaceutiques, une allocation quotidienne qui remplacera pour eux le salaire qu'ils ne peuvent momentanément gagner.

La création et le mode de fonctionnement de la caisse d'assurance contre le chômage involontaire, étant donnée surtout la nature du risque que cette caisse prévoit, soulève plus de difficultés. Cependant il est de toute nécessité de fournir à l'ouvrier le moyen de se prémunir contre les conséquences du chômage involontaire, et on peut dire que cette assurance doit être considérée comme le pivot de toutes les autres, qui sans elle seraient inefficaces. En effet, atteint par le chômage forcé, l'ouvrier n'a plus son salaire pour subvenir aux besoins de sa famille et pour payer les primes des assurances qu'il a contractées. Il est donc menacé du double danger de voir ses enfants manquer de pain à brève échéance et d'être lui-même déchu de tout droit aux assurances, dont, momentanément, il ne peut payer les primes.

C'est à ce double danger que la caisse d'assurance contre le chômage doit s'efforcer de remédier : 1° en assurant une indemnité journalière à l'ouvrier victime du chômage forcé; 2° en acquittant elle-même, dans certains cas déterminés, les autres primes de l'assurance ouvrière.

Et d'abord, disons-nous, la caisse d'assurance contre le chômage doit assurer aux ouvriers manquant de travail une indemnité suffisante pour subvenir à leurs besoins les plus pressants. Cette indemnité doit, par conséquent, être assez importante, sans toutefois l'être trop, pour ne pas affaiblir les efforts personnels; le minimum pourrait être la moitié du salaire normal de la profession. N'auront droit à cette allocation que les assurés privés de travail, sans qu'il y ait aucune faute de leur part. Ceux, par conséquent, qui perdraient leur emploi par leur faute, ou qui refuseraient l'occupation qui leur serait offerte, devraient donc être impitoyablement éliminés. D'ailleurs, les statuts de la caisse devront prévoir, d'une manière stricte, les conditions de l'exercice du droit à l'indemnité. C'est ainsi qu'ils devront exiger par exemple un certain temps d'affiliation et le versement régulier des primes.

Quoi qu'il en soit, les syndicats, en fondant cette caisse, devront prévoir les chômages réguliers qui ont lieu pour chaque profession; ils devront aussi se préoccuper des crises industrielles qui malheureusement se produisent trop souvent à notre époque, et qui échappent à toute prévision. Les primes devront être calculées par eux de façon à permettre de pourvoir aux dépenses occasionnées, en temps normal, par les frais d'administration, le paiement des indemnités, etc., et à la formation d'une réserve pour les cas imprévus de crises industrielles dont nous venons de parler.

En second lieu, enfin, la caisse d'assurance contre le

chômage doit, à notre avis, se charger d'acquitter elle-même, au nom de l'assuré, les autres primes de l'assurance ouvrière, lorsque ce dernier ne peut travailler, soit par suite d'un chômage forcé, soit par suite d'une maladie ou d'un accident. Cela nous paraît être de toute nécessité, car à quoi servirait à l'ouvrier d'avoir contracté les assurances que nous avons énumérées plus haut, si une maladie, un accident professionnel, ou seulement un chômage forcé, le mettait à un moment donné dans l'impossibilité passagère d'en payer les primes, et s'il se trouvait par là déchu de tout droit à ces assurances?

Ainsi, au contraire, seront conjurés les effets désastreux de ces éventualités toujours menaçantes qui sont les points noirs de l'existence du travailleur; et sûr désormais qu'aucune d'elles ne pourra, en le privant de son salaire, l'obliger à interrompre le paiement de ses primes, l'ouvrier envisagera l'avenir avec plus de confiance.

Nous avons ainsi terminé l'étude du rôle que les syndicats ouvriers nous paraissent susceptibles de jouer dans l'assurance ouvrière; il nous reste maintenant à examiner, et c'est ce que nous allons faire dans le paragraphe suivant, ce que les syndicats agricoles peuvent faire de leur côté pour faciliter à leurs membres les assurances qui les intéressent plus spécialement, c'est-à-dire les assurances agricoles.

§ 2.

DU RÔLE DES SYNDICATS AGRICOLES DANS LES ASSURANCES AGRICOLES

Les syndicats agricoles doivent eux aussi leur existence à la loi du 21 mars 1884, qui a autorisé les personnes de la même profession à s'associer librement pour l'étude et la défense de leurs intérêts économiques, industriels, commerciaux et *agricoles*; et, il faut bien le dire, plus que tous les autres ils ont profité d'une loi qui primitivement n'était pas faite pour eux.

Les syndicats agricoles se présentent à nous sous un tout autre aspect que les syndicats ouvriers dont nous nous sommes occupés jusqu'ici. En effet, entre tous les propriétaires ruraux, grands et petits, la culture du sol établit un lien de solidarité, malheureusement trop peu connu entre patrons et ouvriers industriels, et elle fait naître des besoins et des intérêts identiques, que l'association professionnelle cherche à satisfaire.

Aussi, grâce à une organisation large et libérale, ont-ils réussi à grouper à la fois dans leur sein les grands et les petits propriétaires, les fermiers, les métayers et même les ouvriers agricoles, qui sont pour la plupart eux aussi de tout petits propriétaires, car ils possèdent presque tous un petit champ qu'ils trouvent le temps d'exploiter, tout en louant leurs services.

Les syndicats agricoles se sont toujours proposé comme but d'aider et de développer, par tous les moyens en leur pouvoir, l'agriculture nationale, et à ce point de vue, assurément, leur intervention n'a point été inutile. Ils ont souvent élevé la voix auprès des pouvoirs publics pour demander diverses modifications législatives, notamment à propos des tarifs douaniers. Ils ont provoqué l'amélioration des cultures en favorisant le choix des semences et des engrais suivant la nature du sol, en établissant des champs d'expérience et en vulgarisant l'emploi des machines agricoles. Grâce aux achats en commun effectués par leur intermédiaire, le prix des matières premières utiles à l'agriculture, celui des engrais notamment, a baissé dans de très notables proportions.

Mais ces résultats, quelque importants qu'ils soient, deviendraient rapidement éphémères si les syndicats agricoles bornaient là leur activité et s'ils n'entraient pas résolument dans la voie qui leur est ouverte par l'article 6 de la loi du 21 mars 1884.

Or des différents objets à la réalisation desquels la disposition contenue dans cet article leur permet de concourir, il n'en est pas, à notre avis, de plus important que la diffusion des institutions de prévoyance parmi les populations rurales, où malheureusement elles sont encore trop peu connues.

Dans les campagnes aussi bien que dans les villes, la nécessité de ces œuvres fraternelles et moralisatrices se fait vivement sentir, car là aussi, celui qui vit du travail de ses mains est exposé de bien des manières aux incertitudes de l'avenir. En effet, la plupart des petits cultivateurs, dont la population rurale est composée en majorité, tirant toutes leurs ressources des terres qu'ils cultivent eux-mêmes en qualité de propriétaires, de fermiers ou de métayers, ces petits cultivateurs, disons-nous, sont menacés par deux catégories de risques. D'une part, ils ne sont pas plus que les ouvriers industriels à l'abri des effets désastreux de la maladie, des accidents professionnels et de la vieillesse; et il suffit d'autre part qu'un sinistre quelconque ravage leurs récoltes ou que la mort leur enlève un de leurs bestiaux pour que la gêne, quelquefois même la misère, suive de près pour eux ce malheureux événement. C'est aux syndicats agricoles qu'il appartient de leur fournir le moyen de parer à ces éventualités toujours menaçantes, en vulgarisant parmi eux la pratique de l'assurance.

I. *Assurances contre les risques qui menacent les ouvriers agricoles et les petits cultivateurs dans leurs personnes.*

Nous ne nous préoccuperons point de cette première catégorie de risques qui menacent l'ouvrier agricole et le petit cultivateur, aussi bien que l'ouvrier industriel. Qu'il nous suffise de dire que pour mettre leurs membres à l'abri des effets désastreux de la maladie, des accidents professionnels et de la vieillesse, les syndicats agricoles peuvent fonder des caisses spéciales de secours mutuels et de retraites, ou bien traiter au nom de leurs membres avec les compagnies d'assurances et se faire les auxiliaires de ces dernières. Par conséquent, tout ce que nous avons dit plus haut à ce sujet, en étudiant le rôle que les syndicats d'ouvriers industriels peuvent jouer dans l'assurance ouvrière, s'applique également aux syndicats agricoles (1). Nous ne reviendrons donc pas là-dessus, et abordant immédiatement l'étude du second point que nous avons indiqué, nous allons examiner quel est le rôle que les syndicats agricoles sont susceptibles de jouer dans les assurances agricoles proprement dites.

II. *Assurances contre les risques qui menacent les petits cultivateurs dans leurs moyens d'existence.*

La grêle, la gelée, l'inondation, la mortalité du bétail, tels sont les divers fléaux qui, en quelques instants, peuvent compromettre gravement et même anéantir les faibles ressources des travailleurs des champs (2). Tels sont, par conséquent, les divers risques contre lesquels les syndicats

(1) Voyez *supra*, ch. II.

(2) D'après les statistiques, les pertes occasionnées par ces différents fléaux atteindraient 200 millions en moyenne par an.

agricoles doivent s'efforcer de prémunir l'intéressante population des campagnes.

Depuis longtemps déjà, sans doute, les sociétés privées d'assurances lui en offrent le moyen; mais comme ces sociétés ont à compter avec des frais considérables, le taux des primes qu'elles demandent est beaucoup trop élevé pour pouvoir être supporté facilement par les petits cultivateurs, dont les charges vont sans cesse grandissant. Qu'on ajoute à cela, que les indemnités payées en retour sont souvent dérisoires, et on n'aura pas de peine à reconnaître que ce moyen est tout à fait inefficace. Tout le monde, d'ailleurs, est d'accord sur ce point, et ce qui le prouve, ce sont les nombreux systèmes qui, depuis seulement la seconde moitié de notre siècle, ont été proposés pour venir en aide aux agriculteurs et leur procurer le bénéfice de l'assurance.

Dès 1857, la question des assurances agricoles était mise par Napoléon III à l'ordre du jour des travaux du Conseil d'État. Le 17 juin, le gouvernement impérial chargeait en effet cette haute Assemblée d'examiner un projet de décret portant création d'une caisse générale d'assurances agricoles, destinée à indemniser, moyennant une contribution annuelle, fixe et volontaire, les cultivateurs des pertes occasionnées dans leurs récoltes et leurs bestiaux par la grêle, la gelée, l'inondation et la mortalité. Ce projet n'aboutit pas.

Dans ces dernières années, cette importante question a été l'objet de nombreux projets de loi dus à l'initiative parlementaire (propositions : Vacher, 29 juillet 1879; — Langlois, 30 mars 1882; — Gustave Rivet, 10 mars 1891; — Cholet, 3 décembre 1891; — Daynaud, Cassagnac, Peyrusse, 26 janvier 1893; — Jonnart, 28 mars 1893; — Rey, 6 mai 1893; Philippon, 27 mai 1893; — Gendre, 3 juillet 1894; — Auger, 11 juin 1897). Elle a même été l'objet d'une proposition de loi émanant de l'initiative gouvernementale. Pendant son passage aux affaires, le cabinet Bourgeois, par l'organe de M. Viger, ministre de l'agriculture, a, en effet, déposé sur le bureau de la Chambre un projet de loi tendant à créer : 1° des caisses départementales de secours contre les sinistres agricoles; — 2° des caisses communales ou cantonales contre la mortalité du bétail; — 3° enfin, une caisse nationale régulatrice contre les sinistres agricoles. Mais le cabinet Bourgeois étant tombé du pouvoir, le projet de M. Viger a été complètement modifié par son successeur, M. Méline.

Quelle que soit la diversité des systèmes proposés pour l'organisation de l'assurance agricole, on peut dire que deux idées maîtresses se dégagent de l'étude des différents projets de loi que nous venons d'énumérer; ce sont :

1° La nécessité de garantir les cultivateurs dans la plus large mesure possible contre les risques agricoles;

2° La nécessité de ne leur demander que des primes aussi réduites que possible.

Sur le premier point, tout le monde est d'accord pour reconnaître que la garantie complète des risques agricoles, comme d'ailleurs de tous les risques en général, ne peut être obtenue que par la création de caisses d'assurances effectives, et non par celle de simples caisses de secours. Inutile d'insister davantage.

Sur le second point, personne ne fait également de difficulté pour admettre qu'étant données la durée et l'intensité de la crise traversée par notre agriculture, les cultivateurs sont dans l'impuissance de payer des primes aussi fortes que celles qui leur sont demandées par les compagnies d'assurances. Ainsi donc, de l'avis unanime des auteurs des différents projets de loi énumérés plus haut, la modération des primes est indispensable, si on veut mettre l'assurance à la portée de la masse des agriculteurs, et cette modération ne peut être obtenue que : 1° en réduisant au strict minimum les frais de gestion des caisses d'assurances ; 2° en répartissant les risques sur une grande masse d'assurés ; 3° en faisant appel à l'intervention de l'État.

Mais où des divergences profondes se manifestent, c'est sur la question de savoir quel sera le caractère des caisses d'assurances agricoles, et dans quelle mesure l'État devra intervenir dans leur constitution et leur administration.

Il n'entre pas dans le plan que nous nous sommes tracé d'exposer en détail les diverses opinions émises sur ces trois points.

Qu'il nous suffise de dire que l'obligation en matière d'assurance agricole compte de très nombreux partisans (1); qu'aux termes d'un certain nombre de projets de loi, ces caisses d'assurances seraient alimentées par l'addition de quelques centimes au principal de la contribution foncière non bâtie, et même des quatre contributions! et qu'enfin il y a une tendance marquée à confier à l'État la gestion de ces caisses.

Telle n'est pas notre manière de voir.

Contrairement à ces opinions, nous pensons en effet : 1° que la caisse ou les caisses d'assurances contre les sinistres agricoles ne doivent avoir aucun caractère obligatoire ; — 2° qu'elles doivent être alimentées, en majeure partie au moins, par les cotisations de leurs adhérents ; — 3° enfin, que leur administration ne saurait être confiée à l'État.

Et d'abord, disons-nous, partisans convaincus de la liberté individuelle dans toutes ses manifestations, nous repoussons toute idée de contrainte en matière d'assurance agricole

(1) Voyez les propositions Rivet, Chollet, Rey, Philippon, Auger.

comme en matière d'assurance ouvrière, et pour les mêmes raisons de principe. Nous estimons d'ailleurs, avec M. Viger, que « si on voulait imposer l'assurance au cultivateur, en l'obligeant à payer chez le percepteur sa prime d'assurance, on ruinerait l'institution en se faisant des ennemis de tous les habitants des campagnes, qui ne manqueraient pas, vu la forme qu'affecterait le paiement des primes, de les considérer comme un impôt nouveau » (1).

En second lieu, il y a, à notre avis, deux principes dont l'application s'impose, si on veut obtenir une adhésion générale à cette institution, et se conformer aux règles de la justice et de l'équité. C'est : 1° de ne demander qu'aux seuls intéressés, sauf la question de subvention dont nous parlerons plus loin, les ressources nécessaires pour couvrir les frais de l'assurance dont ils sont appelés à bénéficier; 2° de ne faire payer à chacun que la prime ou cotisation proportionnelle aux risques qu'il court.

D'une part, en effet, nous ne croyons pas qu'on puisse demander à l'État de prendre sur les ressources générales du budget la totalité des sommes nécessaires pour faire face à toutes les pertes de l'agriculture, car il serait contre toute justice de faire payer par les autres contribuables, tels que les propriétaires de maisons, les industriels, les commerçants, etc., les dommages éprouvés par les agriculteurs. La solidarité nationale ne peut aller jusque-là.

Il ne serait pas plus juste, d'autre part, de demander aux propriétaires de bois et de prairies qui n'ont que peu ou pas à souffrir de la grêle et de la gelée, des primes aussi fortes qu'aux propriétaires de vignes et de vergers dont les produits sont si exposés et si souvent atteints.

(1) *Documents parlementaires*, Ch., 1894, p. 630.

Mais hâtons-nous de le dire, si suivant nous la majeure partie des ressources nécessaires au fonctionnement de la caisse d'assurances contre les sinistres agricoles doit provenir des cotisations payées par les assurés, proportionnellement aux risques encourus par chacun d'eux, nous reconnaissons volontiers qu'il est du devoir de l'État, comme de son intérêt bien entendu, de subventionner cette caisse. S'il y a, en effet, dans l'assurance agricole un intérêt particulier pour chacun des propriétaires assurés, il y a également, comme nous le verrons bientôt, un intérêt général de premier ordre. L'État ne subventionne-t-il pas d'ailleurs d'autres institutions de prévoyance, comme par exemple les sociétés de secours mutuels et la Caisse nationale des retraites? Or, quelle différence y a-t-il entre ces institutions et l'assurance agricole, tant au point de vue du principe que de l'utilité générale? Sont-elles autre chose que des assurances soit contre la maladie et les accidents, soit contre la vieillesse? Et l'assurance contre la misère des cultivateurs ne doit-elle pas avoir droit aux mêmes sympathies et au même concours? En subventionnant cette caisse, l'État ne fera donc que se conformer aux principes de solidarité qui doivent régner dans toute société, et dont les fonds de secours déjà existants ne sont qu'une première application (1).

En troisième lieu enfin, l'État ne saurait, suivant nous,

(1) Ces fonds de secours sont inscrits au chapitre 38 du budget du ministère de l'agriculture; ils s'élèvent annuellement à la somme de 2,500,000 francs. Nous verrons quelques pages plus loin que sur la demande de M. Méline, président du conseil, ministre de l'agriculture, le Parlement a introduit dans le budget du ministère de l'agriculture de 1898 une modification ayant pour but de subventionner les sociétés d'assurances mutuelles agricoles, à l'aide d'une partie du crédit dont nous venons de parler. Ce crédit avait été jusqu'alors exclusivement affecté aux secours individuels pour pertes matérielles et événements malheureux.

intervenir directement dans le fonctionnement des assurances agricoles.

Nous sommes, en effet, de ceux qui considèrent comme inutile, pour ne pas dire comme dangereux, d'ajouter un rouage nouveau au mécanisme déjà si compliqué de l'État moderne.

D'ailleurs, l'assurance faisant nécessairement naître des opérations industrielles susceptibles d'être l'objet de nombreuses contestations, nous croyons avec M. Léon Say que le rôle de l'État « doit se borner à prévenir les sinistres par une organisation de plus en plus perfectionnée des services publics de sûreté, de police et de surveillance ».

L'État doit s'abstenir de toute intervention dans les affaires concernant les intérêts particuliers des individus, et surtout il ne doit pas s'exposer aux contestations qui résulteraient de l'évaluation et du règlement des sinistres. Sa mission est plus haute, elle consiste à s'occuper des intérêts généraux du pays, et c'est parce que le développement des institutions de prévoyance revêt indiscutablement ce caractère que, sans les faire fonctionner lui-même, l'État, comme nous l'avons dit plus haut, doit intervenir pour les favoriser.

L'intervention directe de l'État étant ainsi écartée, à qui faut-il recourir pour gérer ces assurances? Où trouver des organes qui possèdent à un assez haut degré la confiance des travailleurs des champs pour les amener à s'imposer les sacrifices nécessaires, et à grever un peu le présent pour garantir l'avenir?

Ces organes existent, ce sont ces syndicats auxquels le législateur de 1884 n'a pensé que par hasard, et qui, contrairement à son attente, ont pris un si magnifique développement, réunissant à la fois dans leur sein, fermiers, métayers, grands et petits propriétaires ; ce sont, en un mot, les syndicats agricoles.

Eux seuls, croyons-nous, grâce à la situation qu'ils occupent au milieu des populations rurales, grâce aussi aux services qu'ils leur ont déjà rendus, sont susceptibles de vaincre la méfiance intinctive qu'ont les paysans contre toute espèce de nouveauté, et de faire pénétrer parmi eux l'esprit de prévoyance et de mutualité qui fait défaut à la plupart d'entre eux.

Cette idée de la réalisation possible de l'assurance agricole par les syndicats ne date pas d'aujourd'hui. Dès 1888, en effet, la Société des Agriculteurs de France était saisie « d'un vœu relatif à la création, par les syndicats agricoles affiliés à l'Union des Syndicats des Agriculteurs de France, d'une caisse d'assurances mutuelles contre la grêle et la mortalité des bestiaux »; et l'année suivante la section d'Économie et de Législation de la même Société émettait également le vœu :

« 1° Que la Société des Agriculteurs de France encourageât et provoquât la création, par les syndicats agricoles affiliés à la Société et à l'Union des Syndicats des Agriculteurs de France, de caisses de secours mutuels contre l'incendie, les accidents, la grêle et la mortalité des bestiaux ;

» 2° Que la Société fît étudier l'organisation d'une caisse centrale de réserve ou de réassurances destinée à prémunir les caisses syndicales contre les inconvénients résultant de la répartition des risques sur une partie insuffisante du territoire (1). »

Il semble que depuis cette époque l'idée ait fait du chemin, puisque quatre ans après, en 1893, nous voyons un député, M. Gendre, en faire l'objet d'un projet de loi, et que dans

(1) Les deux vœux que nous venons de signaler étaient dus à l'initiative du distingué président du syndicat agricole de l'arrondissement de Marmande, M. Charles Lefèvre, dont nous nous honorons d'être l'ami et à la gracieuseté duquel nous devons ces intéressants documents.

l'article 80 de la loi des finances dernière, nous voyons le Parlement autoriser le ministre de l'agriculture à subventionner les sociétés d'assurances mutuelles créées par les syndicats, à l'aide de ressources inscrites au chapitre 38 de son département sous la rubrique « Secours pour pertes et événements malheureux » (1).

Mais comment les syndicats agricoles peuvent-ils organiser et gérer ces diverses assurances, dont l'ensemble constitue l'*assurance agricole*?

C'est une question que nous devons examiner à la fois au point de vue juridique et au point de vue pratique.

I. BASE JURIDIQUE DES INSTITUTIONS DE PRÉVOYANCE FONDÉES ENTRE LEURS MEMBRES PAR LES SYNDICATS AGRICOLES CONTRE LES DIVERS RISQUES QUI LES MENACENT DANS LEUR FORTUNE.

Nous avons montré plus haut (voyez p. 136) qu'aux termes de la loi de 1884, les syndicats agricoles ont incontestablement le droit de fonder entre leurs membres des institutions de prévoyance contre les risques auxquels ils sont exposés dans leur fortune; aussi ne reviendrons-nous pas sur ce point que nous considérons comme acquis, et nous demanderons-nous, seulement, quelles sont les dispositions législatives auxquelles les syndicats agricoles doivent se conformer s'ils veulent user de cette faculté.

Sont-ils, ou non, obligés d'obéir aux prescriptions de la loi du 24 juillet 1867 et du règlement d'administration publique du 22 janvier 1868 sur les sociétés d'assurances mutuelles? Telle est en effet l'importante question qui s'est posée à

(1) Ce chapitre est alimenté à l'aide du centime additionnel au principal de la contribution foncière dont le produit est de 2,500,000 francs.

ce propos, principalement au sujet des caisses d'assurances contre la mortalité du bétail.

Les opinions sont divisées sur la solution à lui donner.

Certains, tout d'abord, ont pensé que l'article 6, § 4, de la loi du 21 mars 1884 autorisant les syndicats agricoles à constituer sans autorisation, entre leurs membres, des caisses spéciales de secours mutuels, on peut en déduire que ce texte attribue aussi compétence à ces mêmes associations pour la création de caisses de secours mutuels contre la mortalité du bétail, qui pourraient s'administrer et fonctionner librement. Cette interprétation a même été adoptée par les sections réunies de l'Économie du bétail et de Législation rurale de la Société des Agriculteurs de France (1).

D'autres encore, estimant, d'ailleurs avec raison selon nous, que le texte invoqué dans l'opinion précédente était inapplicable en l'espèce, — car ce texte ne concerne que les associations intéressant la vie humaine, — ont voulu mettre le droit qu'ont les syndicats agricoles de fonder entre leurs membres des institutions de prévoyance contre les risques qui les menacent dans leurs biens, exclusivement sous le couvert de l'article 3 de la loi de 1884.

N'est-il pas dit, en effet, dans cet article, que « les syndicats professionnels ont exclusivement pour objet l'étude et la défense des intérêts économiques, industriels, commerciaux et agricoles »? Or, dit-on, se prémunir à peu de frais contre les risques qui menacent les récoltes et contre celui de la mortalité des bestiaux, c'est là un intérêt économique agricole au premier chef, qui justifie bien le groupement professionnel régi par la loi de 1884; et c'est une opération qui,

(1) *Bulletin de la Société des Agriculteurs de France*, 15 mars 1896, p. 354 et suiv.

étant donnée la généralité des termes de l'article 3, rentre sans nul doute dans la compétence des syndicats agricoles, aussi bien que l'achat collectif des matières premières, la vente des produits, et tant d'autres opérations de nature si variée, entreprises par les syndicats agricoles dans le but de servir les intérêts professionnels de leurs sociétaires.

« N'est-il pas admis, ajoute-t-on, que la loi de 1884 est une loi de liberté, destinée à provoquer la féconde activité des associations, et que les syndicats agricoles doivent travailler à accroître la prospérité de l'agriculture, en rendant aux agriculteurs le maximum des services que comporte le développement des idées de solidarité et de mutualité? (1) »

Aussi en conclut-on qu'un syndicat agricole peut se proposer comme but accessoire d'organiser entre ses membres un système de prévoyance contre les risques agricoles en général et contre la mortalité du bétail en particulier, et cela sans remplir les formalités prévues par la loi de 1867 et le décret de 1868. Il peut, par exemple, leur ouvrir un compte spécial de prévoyance alimenté par les cotisations versées par eux dans le but d'être indemnisés de leurs pertes (2).

On va même plus loin encore, et on dit que ce qu'un syndicat agricole peut faire à titre accessoire, il peut aussi le

(1) Circulaire du *Musée social*, 25 juin 1898, p. 563.

(2) Cette manière de procéder a été imaginée par le Comité de jurisconsultes et d'agronomes, chargé par le bureau de l'Union du Sud-Est des Syndicats agricoles de rechercher la meilleure organisation à donner à la prévoyance contre la mortalité du bétail. Le compte est établi par commune, ou par groupe de communes, et il doit en être tenu un distinct pour chaque espèce d'animaux; il est administré par une commission de prévoyance, composée de trois membres participants délégués par le bureau du syndicat, et sous le contrôle de celui-ci. Le trésorier du syndicat a la surveillance de tous les comptes spéciaux ouverts dans sa circonscription et qui forment, pour ainsi dire, autant de caisses locales. Aucune personnalité morale n'existe autre que celle du syndicat, dont le président représente

faire à titre principal; « car il y a identité de motifs pour en décider ainsi, et l'article 3 de la loi de 1884 est également applicable dans l'un et l'autre cas ». Rien n'empêche donc les agriculteurs, disent les partisans de cette opinion, de créer des syndicats spéciaux de prévoyance, comme ils ont déjà créé des syndicats spéciaux de hannetonnage, des syndicats d'élevage, des syndicats betteraviers, des syndicats de défense des vignes contre les gelées du printemps, etc.

Cette opinion est celle que M. Waldeck-Rousseau a développée dans une consultation par lui donnée sur cette question, à la demande du *Musée social*. Dans cette consultation (1), le principal auteur de la loi de 1884, après avoir démontré que « le fait, par les membres d'un syndicat agricole, de s'organiser, en vue de se garantir mutuellement contre un événement qui menace la profession, entre certainement dans l'ordre des faits assignés aux syndicats par la loi », dit qu' « on ne doit pas s'arrêter à l'objection tirée de ce que la matière des assurances mutuelles est régie par une législation générale en ce qu'elle s'applique à l'ensemble des

tous les participants aux comptes de prévoyance. Le syndicat est également responsable des fonds versés par les participants.

En raison de ces dispositions particulières, le comité de contentieux de l'Union du Sud-Est estime que la combinaison adoptée ne réalise pas l'assurance mutuelle proprement dite, telle qu'elle est réglée par le décret de 1868, car certains éléments font défaut. C'est, en effet, le syndicat qui a la haute main sur chaque compte de prévoyance, qui l'administre par ses délégués; les participants ne sont pas les maîtres de leurs intérêts, puisque c'est l'assemblée générale du syndicat (dans laquelle ils forment peut-être une infime minorité) qui détermine le quantum de la cotisation et celui des indemnités de sinistres. Enfin c'est à titre désintéressé et purement philanthropique que le syndicat remplit cette fonction à l'égard de ses adhérents. (Voyez d'ailleurs la circulaire n° 19, série B, du *Musée social* du 25 juin 1898, p. 559.)

(1) Voyez *Musée social*, série B, circulaire n° 19 (25 juin 1898), p. 566.

citoyens. La loi de 1884 est une loi spéciale qui s'applique à une catégorie particulière : les syndiqués professionnels. Elle est, à vrai dire, une loi d'exception. Elle permet de former, aux conditions qu'elle précise, des associations en vue d'objets déterminés. L'assurance rentrant dans ces objets, ce serait détruire la loi de 1884 que de soutenir qu'elle ne se suffit pas à elle-même ».

Tout autre est l'opinion de M. Lyon-Caen, qui estime au contraire que « les membres des syndicats agricoles ne peuvent fonder entre eux une association d'assurances mutuelles contre la mortalité du bétail (et par conséquent contre les risques agricoles en général) qu'à la charge de se soumettre au décret du 22 janvier 1868, sur les associations de cette nature ».

« Rien, dit-il, dans la loi du 21 mars 1884 n'indique que les syndicats pourront, sans se soumettre aux règles ordinaires, faire des assurances mutuelles, et dans les travaux préparatoires de cette loi, il n'a pas été question de leur donner cette faculté. Elle ne se comprendrait du reste pas; si le législateur a tenu à ce que les associations d'assurances mutuelles soient réglementées, c'est qu'il a trouvé qu'en cette matière la liberté offre des dangers. Ces dangers n'existent-ils donc pas, par cela seul que les mutualistes sont des syndiqués? Les auteurs de la loi de 1884 ont si bien entendu réserver l'application des règles du droit commun aux syndicats se livrant à des opérations pour lesquelles nos lois contiennent une réglementation, que, pour les sociétés de secours mutuels, ils ont inséré une disposition spéciale dans la loi (art. 6, § 4) afin que les syndiqués puissent sans autorisation créer entre eux des sociétés de cette nature. Le syndicat peut seulement, en rapprochant les syndiqués, faciliter la formation d'une association mutuelle du genre de celle dont nous parlons (1). »

II. ORGANISATION PRATIQUE DES INSTITUTIONS DE PRÉVOYANCE FONDÉES ENTRE LEURS MEMBRES PAR LES SYNDICATS AGRICOLES CONTRE LES DIVERS RISQUES QUI LES MENACENT DANS LEUR FORTUNE.

Il importe de distinguer, d'une part, entre l'assurance contre la grêle, la gelée, les orages, et d'autre part, l'assurance contre la mortalité des bestiaux.

Parlons tout d'abord de cette dernière.

1° *Assurance contre la mortalité du bétail.* — L'expérience prouve que, pour cette assurance, les petites sociétés mutuelles sont celles qui prospèrent le mieux, parce que ce sont celles qui exigent le minimum de sacrifices possible de leurs associés. Cela s'explique par ce fait, que dans ces sociétés, les dépenses étant limitées au remboursement des sinistres qui viennent à se produire, il n'y a pour ainsi dire aucuns frais d'administration, et que de plus tous les associés, se connaissant, se surveillent, et savent empêcher les fraudes dont ils seraient les premiers victimes.

Aussi sommes-nous amenés à penser que la meilleure organisation, pour l'assurance contre la mortalité du bétail, consisterait dans la création par chaque syndicat d'une caisse spéciale, qui pour offrir plus de garanties pourrait s'affilier à une caisse centrale de réassurance dont nous parlerons un peu plus bas.

Voici d'ailleurs quelles étaient à ce sujet les conclusions formulées dans son rapport, par la commission spéciale qui

(1) Voyez circulaire du *Musée social*, n° 19, série B, p. 563 (25 juin 1898).

avait été nommée en 1894 par la Société des Agriculteurs de France, pour étudier les besoins de l'agriculture, en matière d'assurances agricoles :

« En ce qui touche l'assurance contre la mortalité du bétail, la commission est d'avis que les syndicats agricoles doivent tendre à la propager et à l'améliorer, afin d'accroître la sécurité des cultivateurs, qui ne trouvent qu'un appui insuffisant dans l'organisation actuelle de cette branche de l'assurance.

» Elle estime que les syndicats agricoles peuvent, sans danger, fonder et couvrir de leur patronage des institutions de prévoyance destinées à garantir, au moyen de la mutualité, les pertes résultant de la mortalité des animaux.

» Ces institutions peuvent être :

» 1° De véritables sociétés d'assurances mutuelles régies par la loi du 24 juillet 1867 et le règlement d'administration publique du 22 janvier 1868 ;

» 2° Des caisses de secours mutuels à rayon étendu et à cotisation facultative de taux indéterminé ;

» 3° Des mutualités à petit rayon et sans cotisation préalable... (1). »

Ces conclusions furent adoptées, le 29 janvier 1894, par l'assemblée générale de la Société des Agriculteurs de France, et quelques mois plus tard, le 22 août 1894, le premier Congrès national des Syndicats agricoles, réuni à Lyon, après s'être prononcé contre l'organisation administrative de caisses départementales d'assurances mutuelles ayant pour

(1) Comptes rendus des travaux de la Société des Agriculteurs de France, t. XXV, p. 160.

régulateur une caisse subventionnée et contrôlée par l'État, émettait lui aussi l'avis :

« Que les syndicats agricoles doivent être encouragés à fonder ou à couvrir de leur patronage des institutions de prévoyance destinées à garantir, au moyen de la mutualité, les pertes causées par les accidents du travail agricole et par la mortalité des animaux (1). »

2° *Assurances contre la grêle, la gelée, les orages.* — Si les syndicats agricoles peuvent entreprendre par eux-mêmes l'assurance contre la mortalité du bétail, il en est tout différemment des assurances contre la grêle, la gelée et les orages. Contre ces sinistres, les petites sociétés ne présentent pas une surface suffisante, et ni la commune, ni le canton, ni même le département, ne peuvent être pris comme unités de circonscription. Afin d'observer « la division des risques », et l'établissement « de faibles pleins par région », il faut que ces assurances s'étendent à toute la France et non pas seulement à un seul département ou même à une seule région.

Aussi nos syndicats agricoles, qui sont en majorité communaux ou cantonaux, ne peuvent-ils espérer pouvoir réaliser utilement ces diverses assurances en restant isolés les uns des autres.

Mais ce qu'ils ne peuvent faire isolément, ils peuvent l'entreprendre sans témérité, nous le croyons du moins, en s'unissant entre eux. Ainsi, selon nous, une caisse d'assurances contre la grêle, la gelée et les orages, qui fonctionnerait parallèlement à l'Union des Syndicats agricoles et sous sa direction, aurait toutes chances de réussir.

(1) Compte rendu des séances du Congrès de Lyon, p. 45 (rapport de M. le comte de Rocquigny).

D'une part, en effet, cette caisse étendrait ses opérations sur toute la France, ce qui lui permettrait de répartir les risques sur un très grand nombre de têtes ; et d'autre part, son fonctionnement entraînerait peu de frais, étant donné qu'elle serait représentée dans les départements par les syndicats agricoles ayant adhéré à l'Union.

Ces syndicats serviraient d'intermédiaires entre elle et les cultivateurs, soit pour conclure les polices d'assurances, soit pour percevoir les primes, soit enfin pour régler les sinistres.

Outre la caisse d'assurances mutuelles contre la grêle, la gelée et les orages, dont nous venons de parler, l'Union des Syndicats pourrait encore fonder, à notre avis, une caisse centrale d'assurances à laquelle, moyennant un faible prélèvement sur leurs primes, pourraient s'affilier les caisses d'assurances mutuelles fondées par les syndicats contre la mortalité des bestiaux. Cette caisse centrale de réassurances servirait de régulateur, en venant au secours de celles qui seraient trop éprouvées par les sinistres.

Avec des caisses d'assurances ainsi organisées, avec un mécanisme des plus rudimentaires, sans frais d'intermédiaires, presque sans frais de personnel, on obtiendrait, ce nous semble, le maximum d'économie possible, et par conséquent, on pourrait réduire les primes presque au quantum strictement nécessaire pour faire face aux sinistres.

Est-ce à dire cependant, qu'en matière d'assurances nous considérions les syndicats agricoles comme impuissants à rendre aucun service à leurs membres, tant que n'auront pas été fondées les deux caisses dont nous venons de parler?

Telle n'est point notre pensée. Nous croyons, au contraire, que, même en l'état actuel des choses, ils pourraient en cette matière, comme ils le font d'ailleurs en bien d'autres, servir d'une manière très appréciable les intérêts des cultivateurs, mais à la condition, toutefois, de borner leur rôle à celui d'auxiliaires des compagnies d'assurances déjà existantes.

La police collective serait, par exemple, l'instrument efficace de leur collaboration. Chaque syndicat souscrirait avec une grande mutuelle, ou même avec une compagnie à primes fixes, une police collective pour le compte de ceux de ses membres qui lui auraient donné leurs adhésions, et il se chargerait, en outre, d'encaisser les primes, de déclarer les sinistres, de les faire régler, et de toucher les indemnités.

Ce procédé, que nous avons déjà étudié en parlant du rôle que les syndicats ouvriers sont susceptibles de jouer dans les institutions de prévoyance, atténuerait dans une certaine mesure les obstacles qui ont jusqu'ici empêché les assurances agricoles de se répandre en France, obstacles qui, nous l'avons dit, proviennent surtout du taux élevé des primes et des difficultés suscitées par les compagnies d'assurances pour le règlement des sinistres.

D'une part, en effet, « la sécurité » étant, suivant la parole célèbre de Proudhon, « une marchandise qui se paie comme toute autre, et le tarif de cette marchandise baissant selon l'importance de la somme qu'assure l'acheteur », nul doute que les achats en commun de « sécurité » effectués par l'intermédiaire des syndicats, ne réussissent à faire baisser le prix de cette « marchandise », comme les achats en commun effectués par leur intermédiaire ont réussi à faire baisser, d'une façon très appréciable, le prix des matières premières et des machines utiles à l'agriculture. Avec la police collective, d'ailleurs, il y aurait économie de frais de commissions, de règlements de sinistres, toutes choses dont les compagnies feraient bénéficier les assurés, en consentant certaines concessions de tarifs.

D'autre part, le syndicat agricole prendrait en mains les

intérêts de ses membres assurés, il soutiendrait leurs droits, et il les représenterait dans le règlement des sinistres.

Cette intervention des syndicats agricoles dans les assurances aurait donc les résultats qu'ils poursuivent en toutes choses : l'économie des frais, la suppression des intermédiaires et la promptitude des solutions.

Dans les chapitres précédents, nous avons essayé de montrer ce que nos syndicats professionnels pourraient faire pour développer parmi leurs membres les institutions de prévoyance; voyons maintenant dans un dernier chapitre ce qu'ils ont fait jusqu'ici dans cet ordre de choses.

CHAPITRE III

RÉSULTATS OBTENUS

SECTION I

INSTITUTIONS DE PRÉVOYANCE CRÉÉES ENTRE LEURS MEMBRES PAR LES SYNDICATS OUVRIERS

Voici tout d'abord, d'après la statistique contenue dans l'*Annuaire des Syndicats* édité par le ministère du commerce et de l'industrie, quelle a été, depuis la promulgation de la loi du 21 mars 1884 jusqu'au 1er juillet 1897, la progression du nombre des syndicats professionnels ouvriers régulièrement constitués.

Au 1er juillet des années	Nombre des syndicats ouvriers	Au 1er juillet des années	Nombre des syndicats ouvriers
1884	68	1891	1.250
1885	221	1892	1.589
1886	280	1893	1.926
1887	501	1894	2.178
1888	725	1895	2.163
1889	821	1896	2.253
1890	1.006	1897	2.313

Quant au personnel des syndicats ouvriers, il était :

Au 1er juillet des années	Nombre des membres des syndicats ouvriers	Au 1er juillet des années	Nombre des membres des syndicats ouvriers
1890	139.692	1894	403.440
1891	205.152	1895	419.781
1892	288.770	1896	422.777
1893	402.125	1897	431.794

Pendant la même période, le nombre des Unions de syndicats a aussi augmenté d'une manière continue quoique dans de moindres proportions. En 1884, on ne comptait que 10 Unions de syndicats ouvriers.

Ce chiffre s'est successivement élevé :

Au juillet des années	Nombre des Unions de syndicats ouvriers	Au 1er juillet des années	Nombre des Unions de syndicats ouvriers
1886	13	1892	47
1887	15	1893	61
1888	15	1894	72
1889	16	1895	79
1890	24	1896	86
1891	27	1897	92

Ces Unions de syndicats ouvriers comprenaient :

Au 1er juillet des années	Nombre de syndicats ouvriers	Nombre de membres
1894	896	132.982
1895	1.191	334.824
1896	1.248	336.491
1897	1.320	326.835

Voici maintenant, toujours d'après la même source, quels étaient, au 1er juillet des trois années 1895, 1896 et 1897, la nature et le nombre des institutions de prévoyance dues à l'initiative des syndicats ouvriers :

NATURE DES INSTITUTIONS de prévoyance	1895	1896	1897
Secours de route (1)...................	102	102	100
Caisses de secours mutuels.............	289	297	330
Caisses de prévoyance ou d'épargne.....	43	43	45
Caisses de chômage (2). Caisses dites de grève.	103	99	128
Caisses de retraites de la vieillesse.......	30	31	32
Caisses d'assurance mutuelle contre les accidents.	6	6	7

Quant aux Unions de syndicats ouvriers, elles avaient fondé au 1er juillet 1897 :

4 caisses de secours mutuels;

2 caisses de prévoyance ou d'épargne;

2 caisses de chômage;

1 caisse de retraites.

Disons en terminant que le département de la Gironde est un de ceux qui comptent le plus de syndicats. Leur chiffre

(1) La plupart de ces caisses, l'enquête faite en 1895 sur la question du chômage l'a révélé, n'ont pas une grande importance. Seule la caisse de secours de route fondée par la Fédération des Travailleurs du livre, qui comprend 7,002 membres répartis en 147 sections, a donné des résultats appréciables. Elle donne en effet 1 fr. 50 pour les 40 premiers kilomètres et 0 fr. 50 par 20 kilomètres en plus jusqu'à 200 kilomètres; le maximum pour chaque distance parcourue d'une section à l'autre est de 5 fr. 50. En 1894, elle avait distribué, de ce chef, 8,142 fr. 35 à 375 voyageurs. (Voyez VIVIER, *l'Assurance contre le chômage involontaire*, thèse 1898.)

(2) En 1894, sur 87 syndicats qui accordaient à leurs membres des secours réguliers en cas de chômage, 21 n'avaient au 1er juillet distribué aucune indemnité. Les 66 autres syndicats, qui groupaient un effectif de 14,601 individus, avaient dépensé à la même date la somme de 75,440 fr. 65, en secours de chômage. Comme on le voit, nous sommes loin des millions que consacrent chaque année à cet objet les Trade Unions anglaises (*Documents sur la question du chômage*, p. 55 et suiv.).

s'élève à 168. Sur ce nombre, Bordeaux, la ville par excellence des anciennes confréries, possède à elle seule 67 syndicats patronaux qui ont fondé 9 sociétés de secours mutuels; 1 caisse d'assurance mutuelle contre les accidents du travail; 1 caisse de prévoyance, et 73 syndicats ouvriers (1) à qui l'on doit la fondation de 28 caisses de secours mutuels; d'une caisse de secours de route; d'une caisse de secours en cas d'accidents du travail; de 4 caisses de chômage; de 4 caisses de prévoyance et de 2 caisses de retraites.

SECTION II

INSTITUTIONS DE PRÉVOYANCE CRÉÉES ENTRE LEURS MEMBRES PAR LES SYNDICATS AGRICOLES

Depuis la promulgation de la loi du 21 mars 1884, les syndicats agricoles ont, avons-nous dit, pris un magnifique développement. Voici, en effet, d'après l'*Annuaire des Syndicats professionnels,* publié par le ministère du commerce, quelle a été, depuis le 1er juillet 1884 jusqu'au 1er juillet 1897, la progression du nombre des syndicats agricoles :

1884	5	1891	750
1885	39	1892	863
1886	93	1893	952
1887	214	1894	1.092
1888	461	1895	1.188
1889	557	1896	1.275
1890	648	1897	1.371

(1) Le plus important de ces syndicats est sans contredit la *Chambre syndicale des employés de commerce,* qui comprenait, en mars 1898, 2,932 associés avec un capital de 295,459 fr. 25.

Ce syndicat donne à ses membres des indemnités médicales et pharmaceutiques, et, dans certains cas, des indemnités de maladie; il leur assure

D'après l'*Annuaire des Syndicats agricoles* de 1897-1898, publié par M. Hautefeuille, et aussi d'après les statistiques du *Musée social*, ce chiffre serait même beaucoup plus élevé. L'*Annuaire des Syndicats agricoles* mentionne, en effet, l'existence de 1,955 syndicats agricoles, tandis que le *Musée social* porte ce chiffre à 1,996.

Combien les syndicats agricoles groupent-ils d'adhérents dans leurs cadres? Si nous en croyons la publication officielle où nous avons puisé la plus grande partie des statistiques précédemment reproduites, le nombre de leurs membres était :

Au 1er juillet 1890	. . . . . . de	234.234
» 1891	. . . . . . »	269.298
» 1892	. . . . . . »	313.800
» 1893	. . . . . . »	353.883
» 1894	. . . . . . »	378.750
» 1895	. . . . . . »	403.261
» 1896	. . . . . . »	423.492
» 1897	. . . . . . »	438.596

en outre une pension de retraite et se charge d'une partie des frais funéraires (les funérailles de chaque membre actif sont supportées par le syndicat jusqu'à concurrence de 100 francs).

C'est ainsi que, durant l'année 1897, la Chambre syndicale des employés de commerce a payé 6,667 fr. 25 pour frais médicaux, 10,091 fr. 75 pour frais pharmaceutiques, et 1,558 francs pour indemnités de maladie. Les indemnités de funérailles se sont élevées, durant cette même année, à la somme de 2,090 francs.

Quant à la caisse des retraites fondée par le syndicat le 1er janvier 1885, elle n'a produit ses premiers effets que le 1er janvier 1897. Elle est alimentée ordinairement par une somme de 35,000 francs prélevée sur le capital de la Chambre syndicale, les intérêts de cette somme et la moitié des bénéfices annuels de la Société. Elle peut être enrichie, en outre, par des subventions, des donations, etc. Le maximum de la retraite ne peut dépasser 600 francs, ni être inférieur aux 9/10 des intérêts du capital de la caisse des retraites,

Mais ici encore, si nous en croyons le comte de Rocquigny, ces chiffres seraient bien au dessous de la réalité. En effet, dans son ouvrage *les Syndicats agricoles et le socialisme agraire*, publié en 1893 (p. 25), cet auteur, dont la compétence ne saurait être mise en doute, estimait qu'à cette époque, d'après les relevés faits avec grand soin sur les comptes rendus annuels des syndicats agricoles, on pouvait fixer à 600,000 environ le personnel de ces associations. Or, depuis 1893, le nombre des syndicats n'a pas cessé d'augmenter.

Disons enfin que le nombre des Unions de syndicats agricoles a lui aussi augmenté d'une manière continue, quoique dans de bien moindres proportions. D'après l'*Annuaire des Syndicats professionnels*, il s'est successivement élevé en :

1894	à 15	comprenant	537.966
1895	à 17	—	565.318
1896	à 19	—	590.121
1897	à 20	—	596.534 (1).

le dernier dixième étant destiné facultativement à couvrir les frais des funérailles des retraités.

Ont droit à la retraite les sociétaires âgés de soixante ans et faisant partie depuis vingt-cinq ans au moins de la Chambre syndicale. Toutefois, en cas d'infirmité prématurée, la retraite peut être acquise après vingt années de présence dans l'Association.

En 1897 — pour la première fois — quatorze membres ont bénéficié d'une retraite annuelle de 431 fr. 60.

(Ces renseignements sont extraits d'un très intéressant article, publié en mars 1898, dans la *Revue économique de Bordeaux*, par M. J. Benzacar, professeur à la Faculté de Droit.)

(1) On remarquera que le nombre des agriculteurs portés comme membres des Unions est supérieur au chiffre total des syndiqués (en 1897, 596,534 unionistes, contre 438,596 syndiqués). Cette différence, qui choque au premier abord, s'explique par ce fait qu'un certain nombre de syndicats font partie de plusieurs Unions à la fois.

L'*Annuaire des Syndicats agricoles* de M. Hautefeuille de 1897-1898 donne la nomenclature de 28 Unions de syndicats agricoles, comprenant plus de 1,000 syndicats et plus de 700,000 membres (1). L'une de ces Unions, celle des Syndicats des Agriculteurs de France, groupe à elle seule 632 syndicats qui possèdent en bloc 530,000 membres.

Au 1er juillet des trois années 1895, 1896 et 1897, les syndicats agricoles avaient fondé, suivant la publication officielle précédemment citée, les institutions de prévoyance dont la nomenclature suit :

NATURE DES INSTITUTIONS de prévoyance	1895	1896	1897
Caisses de secours mutuels	27	27	33
Caisses d'assurance contre les accidents du travail	1	1	1
Caisses d'assurance mutuelle contre la mortalité des bestiaux	17	15	24
Caisses d'assurance mutuelle contre la grêle	2	2	2

Ici encore nous devons faire observer que ces chiffres ne sont pas exacts. En effet, l'*Annuaire des Syndicats agricoles* de 1897-1898 mentionne comme ayant été fondées par les syndicats agricoles :

61 caisses de secours mutuels;

6 caisses d'assurance contre les accidents du travail;

63 caisses d'assurance mutuelle contre la mortalité du bétail;

(1) Ces chiffres sont eux-mêmes au dessous de la réalité. En effet, sur les 28 Unions dont les noms sont mentionnés dans l'*Annuaire*, 12 n'ont donné aucun renseignement précis, ni sur le nombre des syndicats qu'ils groupaient, ni sur le chiffre de leurs membres.

8 caisses d'assurance mutuelle contre la grêle;

1 caisse d'assurance mutuelle contre la gelée (1).

Enfin un certain nombre d'entre eux sont intervenus auprès des compagnies d'assurances pour obtenir d'elles des conditions avantageuses en faveur de leurs membres.

Entrons dans quelques détails.

I. *Caisses d'assurance contre les accidents du travail agricole.* — « Le Syndicat des Agriculteurs du Loiret, nous dit M. le comte de Rocquigny (2), a eu, le premier, l'idée d'offrir à ses adhérents cette garantie spéciale, et il l'a réalisée en fondant, à Orléans, une société d'assurance mutuelle contre les accidents survenus dans les travaux agricoles, la *Solidarité orléanaise*, qui s'étend à tous les départements compris dans la circonscription de l'Union des Syndicats agricoles et viticoles du Centre. Il suffit d'être membre de l'un des syndicats de l'Union pour pouvoir en faire partie. La Société assure les fermiers ou propriétaires exploitants contre les accidents qui peuvent survenir à eux-mêmes, aux personnes de leurs familles, à leurs domestiques ou journaliers, et enfin aux tiers, par suite des travaux agricoles entendus dans leur sens le plus large. »

La prime est basée sur le nombre d'hectares de terre cultivée (à raison de 0 fr. 50 par hectare); les bois, landes, prairies naturelles, ne sont pas compris dans cette catégorie; mais les accidents qui y surviendraient seraient néanmoins garantis. La société a fixé le maximum de garantie dans un

(1) Signalons aussi la création, par le syndicat agricole de Courteilles (Orne), d'une caisse d'assurance contre le chômage qui assure aux ouvriers sans travail 1 franc par jour en été et 0 fr. 75 en hiver.

(2) *Les Syndicats agricoles et le socialisme agraire*, p. 284.

même sinistre à 8,000 francs, avec faculté pour le conseil d'administration de l'élever à 10,000 francs après délibération. En cas d'insuffisance des ressources, le conseil d'administration peut faire un second appel de fonds égal au premier. Enfin les engagements sont contractés pour cinq ans, et finissent à la mort de l'assuré ou à sa cessation de culture.

Cette société est administrée gratuitement par des membres du syndicat, et ses frais généraux sont réduits au minimum. Fondée en 1891 avec 2,225 hectares assurés, la situation de la Solidarité orléanaise était la suivante au 31 décembre 1896 :

Nombre d'hectares assurés : 47,398 hect. 50.
Nombre des sociétaires : 805.
Primes encaissées : 23,795 fr. 95.
Nombre des accidents réglés : 215.
Importance des sinistres payés : 14,890 fr. 95.
Frais afférents à ces sinistres : 1,339 fr. 06.

Son bilan, à cette date, se balançait par 24,918 fr. 85; l'actif net s'élevait à 12,355 fr. 80, formant la réserve de la société (1).

D'autres syndicats ont traité avec des compagnies particulières d'assurances, qui ont consenti en faveur de leurs membres des remises et des faveurs importantes. Le Syndicat du Loir-et-Cher a traité avec « la Préservatrice »; le Syndicat agricole vauclusien et l'Union des Syndicats agricoles des Alpes et de Provence, avec la compagnie « le Secours ».

L'Union du Sud-Est, qui compte 80,000 membres, a obtenu de la Compagnie « la Providence » des conditions fort

(1) Ces chiffres sont ceux qui ont été cités au Congrès d'Orléans. Voyez compte rendu de ce Congrès, p. 97.

avantageuses pour les propriétaires exploitant par eux-mêmes ou par autrui qui sont membres des 197 syndicats affiliés à l'Union. En effet, moyennant une prime de 30 centimes par hectare de terre cultivée ou cultivable (les prairies, les landes et les bois non exploités pour la vente ne sont pas rangés dans cette catégorie), tout propriétaire est garanti contre toute responsabilité civile résultant d'accidents survenus, à l'occasion de l'exploitation de sa propriété, par son matériel ou ses animaux, même sur les routes, marchés et champs de foire. Cette prime ne garantit toutefois que dans le cas de mort ou d'infirmité. Mais, moyennant une augmentation de 10 centimes par hectare, une allocation journalière est assurée en cas d'incapacité temporaire à partir du dixième jour. Enfin une augmentation nouvelle de 10 centimes par hectare, soit alors 50 centimes (1) par hectare, donne droit à une indemnité dès le lendemain d'un accident entraînant une incapacité temporaire. Quant aux très petits propriétaires qui ne pouvaient s'assurer, étant donné le peu d'étendue de leurs champs, l'Union du Sud-Est a obtenu pour eux la faculté de s'associer de manière à réunir au moins dix hectares à l'assurance (2).

II. *Caisses d'assurance contre la grêle.* — L'assurance contre la grêle offre un si redoutable aléa, que presque aucun syndicat agricole ne l'a entreprise. Il faut cependant citer le Syndicat agricole libre du département de la Marne qui, sans organiser une caisse d'assurances mutuelles, avait créé une caisse de secours contre la grêle. En 1887, cette caisse a

(1) Au lieu de 90 centimes par hectare, comme demandent en général les compagnies d'assurances.

(2) *Les Syndicats agricoles.* L. Eymard, thèse 1898.

perçu plus de 62,000 francs de cotisations avec lesquelles elle a éteint environ 80 °/₀ des pertes (1). Depuis lors, elle a fusionné avec une institution départementale similaire.

De son côté, le Syndicat agricole du canton de Delle (territoire de Belfort) a, lui aussi, fondé une caisse de secours contre la grêle à cotisations facultatives. Les sommes versées à cette caisse sont réparties entre les sinistrés, proportionnellement au montant de leurs cotisations, et sans qu'aucun d'eux puisse recevoir plus de 80 °/₀ de sa perte nette.

Enfin dans certaines circonstances, quelques syndicats départementaux (Manche, Orne, Côte-d'Or, Gers) ont distribué des secours à ceux de leurs membres dont les récoltes non assurées avaient été grêlées.

D'autres syndicats sont intervenus auprès des sociétés d'assurances pour obtenir d'elles des conditions spéciales. « C'est ainsi, dit le comte de Rocquigny (2), que le Syndicat des Agriculteurs du Loiret a traité pour l'assurance des récoltes de ses membres avec une compagnie d'assurances à primes fixes contre la grêle, « la Confiance », qui lui a offert, avec toutes les garanties désirables, un tarif acceptable et d'équitables conditions pour le règlement des sinistres. Une bonification de 10 °/₀ sur le montant de la prime annuelle est faite à tous les membres du Syndicat. »

III. *Assurance contre la mortalité des bestiaux.* — Des diverses assurances agricoles, l'assurance contre la mortalité du bétail est, sans contredit, celle qui a été entreprise avec le plus de succès par les syndicats agricoles.

(1) Comte DE ROCQUIGNY, *les Syndicats agricoles et le socialisme agraire*, p. 270.

(2) Id., p. 271.

Pour la réaliser, ils ont eu recours à trois procédés principaux : 1° création de caisses d'assurances mutuelles; — 2° création de caisses de secours mutuels; — 3° ouverture d'un compte spécial dit de prévoyance.

Les *sociétés ou caisses d'assurances mutuelles* sont de beaucoup les moins nombreuses, et cela, à cause des formalités et des frais qu'exigent leur constitution et leur fonctionnement.

Elles sont régies par la loi du 24 juillet 1867 et par le décret du 22 janvier 1868. Elles ont la capacité civile, et jouissent en droit d'une existence indépendante des syndicats qui les ont fondées. Leurs adhérents mettent en commun les risques qui résultent pour eux de la mortalité du bétail, et ils se garantissent mutuellement des dommages causés par ce fléau.

Ces sociétés ont des bases très différentes selon les localités. Tantôt la cotisation est fixée invariablement par les statuts en proportion de la seule valeur des animaux assurés; tantôt elle s'élève ou s'abaisse d'après le chiffre des pertes, mais avec limitation à un maximum qu'elle ne peut, en aucun cas, dépasser; tantôt enfin, mais c'est assez rare, elle n'admet d'autre limite que celle des pertes à réparer.

Comme mutuelle à cotisation proportionnelle et fixe, nous citerons, d'après M. le comte de Rocquigny, auquel nous emprunterons d'ailleurs bien des détails intéressants (1), la Société de prévoyance contre la mortalité du bétail de l'arrondissement de Vitry-le-François (Marne), fondée en 1892 par le syndicat agricole de cet arrondissement, au profit exclusif de ses membres. Elle assure les animaux des espèces chevaline et bovine, et son conseil d'administration est le même

(1) *L'Assurance mutuelle du bétail*, p. 23 et suiv.

que celui du syndicat. Les sociétaires versent un droit d'entrée de 0 fr. 50 et une cotisation de 0 fr. 75 par 100 francs de valeur assurée pour tous les animaux indistinctement. L'estimation qui sert de base à l'établissement de la cotisation est faite par l'assuré lui-même.

Les pertes sont réglées à la fin de l'année, intégralement ou au marc le franc, si leur montant dépasse le total des cotisations, et indistinctement pour les deux espèces chevaline et bovine.

Nous citerons en second lieu, comme mutuelle à cotisation proportionnelle aux pertes à rembourser, la Société d'assurances mutuelles contre la mortalité des bestiaux, fondée en 1885 par le Syndicat agricole de Saint-Amant de Boixe (Charente), au profit de ses adhérents.

Cette société a pour objet d'assurer les animaux des espèces chevaline, bovine et ovine, divisées en quatre catégories dont chacune a sa caisse spéciale supportant seule ses pertes propres. Ces quatre catégories sont :

1° Les animaux de l'espèce chevaline, mules, mulets et ânes ;

2° Les bœufs et veaux ;

3° Les vaches et génisses (1) ;

4° Les moutons et brebis.

L'indemnité est des quatre cinquièmes pour les première et troisième catégories, intégrale pour les deux autres.

Les sociétaires font en entrant dans l'association et doivent renouveler chaque année un certain versement applicable au fonds de réserve. En outre, la cotisation est fixée chaque

(1) En 1894, par suite d'une trop forte contribution imposée à la suite de nombreux sinistres aux sociétaires possesseurs de vaches, cette assurance a été supprimée.

année par l'assemblée générale. Elle ne comporte aucun maximum; aussi y a-t-il lieu à l'application du principe de l'assurance mutuelle entre les sociétaires, sans restriction aucune, quelle que soit l'élévation du chiffre des pertes. Si les ressources de la caisse sont insuffisantes pour régler les sinistres, la somme nécessaire pour parfaire la différence est supportée par chaque associé au prorata des valeurs par lui assurées, et il peut y avoir lieu à plusieurs appels de fonds successifs.

Les syndicats agricoles, avons-nous dit, ont fondé peu de véritables sociétés d'assurances mutuelles contre la mortalité du bétail; par contre, ils ont fondé un grand nombre de *caisses de secours mutuels*, contre ce même risque. C'est ainsi que ces caisses sont fort répandues, par exemple, dans la Charente-Inférieure, la Marne, le Jura, le Loir-et-Cher, la Haute-Marne, la Sarthe, les Deux-Sèvres, la Somme, la Vendée, etc.

Elles se rattachent toutes à l'un des trois types suivants :

1° Sociétés sans cotisation préalable;

2° Sociétés à cotisation préalable;

3° Caisses de secours alimentées par des collectes ou cotisations indéterminées.

A la première catégorie appartiennent les « sociétés de secours mutuels contre la mortalité des bestiaux » de l'espèce bovine fondées par le Syndicat des Agriculteurs de la Sarthe (1).

(1) Signalons aussi, bien qu'elles ne soient pas dues à l'initiative des syndicats agricoles, les petites sociétés de secours mutuels contre la mortalité du bétail, qui existent dans les Landes, sous le nom de « *cotises* » et « *consorces* ». Ces sociétés ne s'occupent généralement chacune que d'une seule catégorie d'animaux. Il en existe quelquefois plusieurs dans la même commune. Elles sont constituées au moyen d'actes sous seing privé ou devant notaire. Leur objet est de couvrir les pertes occasionnées par les

Dans ces sociétés, on répartit la perte d'un animal entre tous les membres y compris le perdant, et le partage se fait au marc le franc d'après là valeur totale des animaux assurés. Toutefois, la quote-part que chaque sociétaire peut être appelé à payer dans le montant des indemnités allouées aux sinistrés, ne peut dépasser un maximum annuel de 10 ‰ de la valeur assurée.

Ce système de prévoyance a été complété dans le département de la Sarthe par la création d'une « Union des sociétés de secours mutuels contre la mortalité des animaux », qui a également été fondée sous les auspices du Syndicat des Agriculteurs de ce département. L'Union joue vis-à-vis des sociétés adhérentes le rôle de régulateur. Au 1er mai 1898, elle comprenait 30 sociétés qui réunissaient en bloc 2,755 cultivateurs possédant 11,128 têtes de bétail d'une valeur supérieure à 2,740,000 francs.

Parmi les sociétés à cotisation préalable, nous devons ranger la caisse de secours mutuels contre la mortalité du bétail fondée par le Syndicat agricole de Remiremont pour les seuls membres du comice et du syndicat agricole de cet arrondissement. Cette caisse exige de ses membres une cotisation annuelle de 2 francs par tête de bétail, quelle qu'en soit la valeur. Les secours donnés ne peuvent en

maladies ou les accidents qui frappent les bœufs de travail, vaches laitières, chevaux, etc., formant autant de catégories distinctes pour le règlement dee indemnités. L'administration est aussi simple que possible. Les sociétaires ne versent pas de cotisation préalable : en cas de perte d'un animal, sa valeur est estimée et, à la fin du semestre, le sociétaire sinistré reçoit l'indemnité qui lui est due, chacun des membres de l'association ayant à en payer sa part proportionnelle à la valeur totale de ses animaux assurés. En 1897, ces sociétés étaient au nombre de 712 représentant 33,000 assurés qui réunissaient un capital de 9 millions. Dans cette même année, elles avaient donné 91 %. (Voyez *Journal Officiel* du 26 février 1898, Chambre des Députés, p. 852.

aucun cas dépasser 75 °/₀ de la perte. Le 1er octobre 1897, les sociétaires de la caisse étaient au nombre de 286 et assuraient une valeur globale d'environ 495,000 francs; — les sociétés de secours mutuels contre la mortalité du bétail, créées sous les auspices de l'Union des Syndicats agricoles communaux de la Haute-Saône, et qui sont elles-mêmes communales; la caisse de secours mutuels fondée par le Syndicat agricole de l'arrondissement de Gray au profit de ses membres dans le canton de Dampierre-sur-Salon (Haute-Saône); et celle de Ratenelle (Saône-et-Loire). Dans ces diverses associations de prévoyance contre la mortalité du bétail, les sociétaires versent une cotisation préalable et proportionnelle à la valeur assurée. Cette cotisation varie de 50 centimes à 1 °/₀, et l'indemnité également de 75 à 80 °/₀ du chiffre de la perte. — Nous rangerons encore parmi les sociétés à cotisation préalable les institutions de prévoyance crées sous les auspices du Syndicat des Agriculteurs du Doubs qui demandent à leurs adhérents une cotisation annuelle par tête de bétail de : 1 franc pour les animaux valant moins de 200 francs; 2 francs pour les animaux valant de 200 francs à 400 francs; 3 francs pour les animaux valant 400 francs et au dessus. En cas de sinistre, la valeur de l'animal est déterminée par trois délégués-experts et l'indemnité qui est allouée ne peut excéder 75 °/₀ de la perte nette.

Le troisième type, celui des *caisses de secours alimentées par des collectes ou cotisations indéterminées*, est très peu répandu, car on lui préfère généralement aujourd'hui une organisation moins rudimentaire de la prévoyance. Il est dû à M. Ponsard, président du Syndicat agricole libre du département de la Marne, qui en 1886 organisa pour les membres de ce syndicat une « caisse de secours contre la mortalité du bétail ». Dans ce type, la cotisation est préalable, facultative quant au montant à verser par chaque sociétaire, mais ne peut s'abaisser au dessous d'un minimum déterminé. L'ensemble de ces cotisations est réparti annuellement entre les sociétaires qui ont éprouvé des pertes; la répartition a lieu proportionnellement au montant de la cotisation versée et au nombre d'animaux possédés, dans la commune, par le sociétaire au moment du sinistre, sans distinction de valeur entre ces animaux. En aucun cas, le sinistré ne peut recevoir plus de 80 °/₀ de la perte. Les chevaux et le gros bétail forment deux catégories distinctes. Le minimum de la cotisation est de 1 franc par catégorie. Pour la période de dix années comprise entre la fondation et le 31 décembre 1895, la caisse a reçu 12,097 versements s'élevant en bloc à la somme de 86,914 fr. 50. Il a été distribué 81,181 fr. 40 de secours; et la moyenne générale des répartitions faites aux sociétaires sinistrés, pour les dix années, a été de 31 fois le don pour l'espèce chevaline et de 33 fois et demie le don pour l'espèce bovine, ce qui est insuffisant pour la réparation du préjudice causé par les sinistres.

Pour réaliser l'assurance mutuelle contre la mortalité du bétail, les syndicats agricoles ont eu enfin recours à l'ouverture de *comptes spéciaux de prévoyance* alimentés par les cotisations spéciales de ceux de leurs membres qui veulent être indemnisés de leurs pertes.

Ce système a été réglementé d'une manière très précise par les soins de l'Union du Sud-Est. Voici d'après ce règlement comment fonctionnent les comptes de prévoyance.

Les participants doivent faire inscrire tous les animaux de leur étable, en donnant leur estimation et, autant que possible, leur signalement et leur âge. Trois commissaires experts, pris parmi les participants et désignés par ceux-ci en assemblée générale, vérifient ces déclarations et estimations et fixent définitivement la valeur de chaque animal; ce sont eux aussi qui, au moment du sinistre, ont encore mission d'estimer l'animal au cours du jour. La contribution annuelle est, en principe, de 1 °/₀ de la valeur de chaque bête; toutefois, en cas d'insuffisance des ressources pour faire face aux charges, elle peut s'élever jusqu'à un maximum de 2 °/₀, qu'elle ne peut, en aucun cas, dépasser. Les participants doivent, en outre, acquitter un droit d'entrée fixe par tête d'animal. En cas de sinistre, le compte de prévoyance paie, jusqu'à concurrence de ses ressources, 80 °/₀ de la perte nette; cette indemnité est réglée par la commission de prévoyance, sauf restitution du trop perçu par le sinistré si les ressources devenaient insuffisantes pour régler, pendant le semestre, tous les sinistres dans la proportion de 80 °/₀. Lorsqu'au contraire, il y a excédent des recettes sur les dépenses, cet excédent est porté au fonds de réserve.

L'Union du Sud-Est a complété cette organisation de la prévoyance locale par les petits groupes syndicaux, au moyen d'un service de réassurance qu'assume sa filiale, la Coopérative du Sud-Est. Mais ce système a été inauguré trop récemment pour que ses résultats pratiques puissent être appréciés.

CONCLUSION

L'ouvrier, en général, vit au jour le jour du produit de son travail, et pour entretenir sa femme et ses enfants, il n'a d'autres ressources que son salaire quotidien. Chez lui, la misère est toujours imminente, toujours prête à franchir le seuil de sa porte. Elle y apparaît à la moindre crise, à la moindre interruption de travail. La maladie, les accidents professionnels, le chômage et la vieillesse, sont des risques auxquels il est toujours exposé, des éventualités fâcheuses, qui en le privant momentanément ou pour toujours de son gagne-pain, l'obligent le plus souvent, pour ne pas mourir de faim, à avoir recours à la charité publique.

Sans doute, ces calamités que nous venons d'énumérer ont toujours existé, mais les souffrances qui en sont de nos jours les conséquences sont plus aiguës et plus étendues que dans le passé. D'une part, en effet, les populations ouvrières sont plus nombreuses, elles sont agglomérées dans les villes ou des centres manufacturiers, dans lesquels la possession de l'habitation et toutes les ressources qu'offre la vie rurale, leur font défaut. D'autre part, les confréries d'autrefois ne sont plus là pour leur venir en aide avec leurs patrimoines, fruit de l'épargne de nombreuses générations, avec les fondations que la piété des siècles avait accumulées, et les secours dispensés administrativement, dans les bureaux de bienfaisance et les hôpitaux, sont loin de lés avoir remplacées. Aussi, se demande-t-on, depuis longtemps déjà, si à cette situation nouvelle, il n'y a pas lieu de pourvoir par des institutions nouvelles aussi, dans lesquelles la solidarité des membres du corps social se réaliserait grâce à l'intervention de l'État.

L'Allemagne et l'Autriche sont entrées résolument dans cette voie, et comme dans ces deux pays la contrainte légale est fort en honneur, une série de lois y ont organisé pour tous les travailleurs un système général d'assurances obligatoires contre l'invalidité et la vieillesse.

Nous ne croyons pas, quant à nous, que cet exemple doive être suivi.

Quelles sont, en effet, les principales raisons données par les partisans de l'obligation en matière de prévoyance? Elles peuvent se résumer ainsi :

L'ouvrier, dit-on, est fatalement imprévoyant; lui laisser la libre disposition de son salaire, c'est lui laisser la liberté de mourir de faim. Trop souvent, d'ailleurs, l'épargne lui est impossible, et même en s'associant, il ne peut se défendre contre la misère; l'insuffisance des résultats obtenus par les sociétés de secours mutuels le prouve.

Il faut donc imposer ce qui autrement ne peut s'obtenir. D'ailleurs, les ouvriers le désirent, et chacun d'eux subira sans peine une retenue sur son salaire. Cette retenue, prélevée par le patron et accrue par lui au moyen de versements proportionnels, sera remise en dépôt à l'État, qui au besoin la parfera.

Examinons ces arguments.

Prétendre que les travailleurs verraient d'un œil favorable les patrons prélever une retenue sur leurs salaires, et que les patrons de leur côté ajouteraient volontiers une prime proportionnelle à ce prélèvement, c'est une allégation que démentent les faits.

N'est-il pas contradictoire, d'autre part, d'affirmer que le travailleur ne peut pas épargner et de lui faire justement de l'épargne une obligation ?

On est mieux fondé, sans doute, à signaler l'insuffisance des sociétés de secours mutuels; mais de l'insuffisance de ces sociétés on n'est pas autorisé à conclure d'une façon générale que l'association elle-même est impuissante à donner aux ouvriers les moyens de se défendre contre la misère, car ce qui se passe en Angleterre démontre la fausseté d'une telle assertion.

Bien autrement sérieuses nous paraissent être les objections que soulève un tel système.

De toutes les propriétés, la propriété de ce que l'on a gagné soi-même est assurément la plus certaine et la plus respectable. Y porter atteinte, c'est menacer toutes les autres, c'est battre en brèche le principe de la propriété individuelle lui-même.

Si, en effet, l'imprévoyance naturelle de l'ouvrier semble être un motif suffisant pour permettre à l'État de le priver d'une partie de l'argent qu'il a gagné grâce au travail de ses mains, pourquoi ne pas exiger également que cette injurieuse et despotique précaution soit étendue aux autres classes de la société? La logique l'exige, car si l'on admet que l'État puisse imposer à l'ouvrier la réflexion, la sagesse et la prévoyance, on ne voit pas pourquoi il n'imposerait pas à tous ces mêmes vertus.

Et d'ailleurs, ce principe une fois admis, où l'État

s'arrêterait-il? Ne pourrait-il pas toujours, sous le même prétexte, s'immiscer dans toutes nos affaires, mettre la main sur toutes nos propriétés, intervenir dans toutes nos actions?

Ces raisons de principe, et les difficultés pratiques qui s'attachent à un tel système, nous font donc repousser l'obligation en matière de prévoyance.

Est-ce à dire pour cela que nous refusions à l'État le droit de jouer un rôle dans une question qui, comme celle qui nous occupe, intéresse à un aussi haut degré son avenir économique, voire même sa sécurité? Loin de nous cette pensée.

Si nous repoussons l'obligation en matière de prévoyance, c'est que nous ne voulons pas que l'État absorbe l'individu, c'est que nous n'admettons pas que, sous prétexte d'empêcher l'homme de se tromper, et d'assurer, d'autorité, sa moralité et son bien-être, il détruise chez lui l'esprit d'initiative, qui, s'il est le plus dangereux, est aussi le plus noble de ses attributs, et qui est, hélas! déjà trop affaibli parmi nous. Mais nous saluons au contraire avec bonheur toute intervention de l'État ayant pour but et pour effet de donner à l'ouvrier la possibilité de sortir de sa condition précaire, sans attenter à sa liberté; et à ce titre nous ne pouvons que nous féliciter de la loi du 21 mars 1884, qui a consacré le principe de la liberté d'association professionnelle.

L'association professionnelle libre, voilà en effet, à notre avis, le seul instrument qui puisse permettre à l'ouvrier d'élargir la sphère où il vit absorbé dans la contemplation de ses seuls biens et de ses seuls maux; voilà le seul lien qui puisse permettre d'utiliser les efforts isolés et relativement improductifs, sans paralyser les mouvements de l'individu et sans comprimer le ressort individuel. Grâce à l'association professionnelle libre, on peut réunir les hommes pour un intérêt de même nature, et seulement pour un objet défini, sans absorber l'associé tout entier, sans confisquer dans une solidarité inéluctable sa volonté et son moi individuel au profit de l'être social; grâce à elle, il est possible, en un mot, de combiner, sans les sacrifier l'une à l'autre, ces deux forces si puissantes dans l'homme, la personnalité et la sociabilité.

Les hommes de 1789, imbus des doctrines individualistes du XVIIIe siècle, avaient méconnu ce droit d'association professionnelle; ils l'avaient même prohibé, car, suivant eux, l'intérêt particulier de chaque individu existait seul à côté de l'intérêt général, et « il n'était permis à personne d'inspirer aux citoyens un intérêt intermédiaire, de les séparer de la chose publique par un esprit de corporation ». Toute transition de l'individu à la nation, tout groupement libre et volontaire, plus fécond mille fois que l'effort individuel, moins dangereux mille fois que l'effort de la collectivité sociale, avait été prohibé par eux, et l'individu était resté isolé en face de l'État tout-puissant.

Le législateur de 1884 a reconnu l'erreur du législateur révolutionnaire, et il l'a corrigée en abolissant tous les obstacles au droit d'association professionnelle, tout en conservant intacte la liberté du travail.

Grâce à lui, les personnes exerçant la même profession, des métiers similaires ou des professions connexes, concourant à l'établissement de produits déterminés, peuvent désormais s'associer librement, sans avoir besoin d'aucune autorisation administrative.

Les associations ainsi formées sont traitées par la loi d'une manière particulièrement favorable. Elles ont la personnalité civile; elles peuvent acquérir, et même recevoir des dons et egs (1); elles ont enfin le droit de combiner leurs statuts et de s'administrer comme elles le veulent. En un mot, ces associations sont placées en dehors et au dessus du droit commun. Mais en retour des avantages qu'il leur accorde, le législateur de la loi du 21 mars 1884, dans son article 3, a déterminé lui-même le but qu'elles doivent poursuivre. « Les syndicats professionnels, dit cet article, ont exclusivement pour objet l'étude et la défense des intérêts économiques, industriels, commerciaux et agricoles. »

D'après cette formule générale, le champ d'action des syndicats ne laisse pas que d'être très vaste : ils peuvent s'occuper des nombreuses questions touchant aux salaires, aux impôts, aux améliorations de la profession, etc., etc. Ils peuvent même, — et cette faculté leur a été formellement reconnue par le législateur, qui a voulu montrer ainsi toute l'importance qu'elle avait à ses yeux, — ils peuvent même, disons-nous, organiser des institutions de prévoyance pour leurs membres. « Ils pourront, dit le paragraphe 4 de l'article 6, sans autorisation, mais en se conformant aux autres dispositions de la loi, constituer entre leurs membres des caisses spéciales de secours mutuels et de retraites. »

Sociétés d'étude et de défense des intérêts professionnels, les syndicats peuvent donc être encore des sociétés de secours, et contribuer ainsi dans une large mesure à l'amélioration du sort de la classe ouvrière. C'était l'un des buts des anciennes fraternités, et les Unions anglaises contemporaines entrent chaque jour plus avant dans cette voie du secours mutuel, perdant ainsi peu à peu le caractère dangereux que, trop

(1) Ce droit subit cependant, comme nous l'avons dit, une limitation. Aux termes du paragraphe 2 de l'article 6, le droit de posséder des immeubles est restreint aux immeubles nécessaires à leurs réunions, bibliothèques et cours professionnels.

souvent, elles avaient à l'origine. « Accidents, maladies, vieillesse, chômage, secours aux veuves et aux orphelins, tout est prévu, dit M. Le Cour-Grandmaison, tout est assuré dans cette admirable organisation des Trade Unions...; à ce point qu'on serait tenté de croire que la solution du problème social a été découverte par nos voisins, et que l'âge d'or a commencé à luire pour eux. »

Nos associations professionnelles ont-elles fait, jusqu'ici, tout ce qu'elles auraient pu et dû faire pour développer ce côté si éminemment utile de leur destination?

La réponse à cette question ne peut être douteuse. Préoccupés presque exclusivement, jusqu'ici, de la lutte contre les patrons pour l'obtention de meilleurs salaires, de la préparation des grèves et de la réunion des fonds nécessaires pour les soutenir, nos syndicats professionnels — les statistiques précédemment reproduites le prouvent — n'ont encore presque rien fait pour vulgariser parmi leurs membres les diverses institutions de prévoyance qui pourraient améliorer leur situation. Trop peu d'entre eux se sont souvenus qu'ils étaient les héritiers directs des anciennes corporations, et que, par conséquent, c'était un devoir pour eux de reprendre et de continuer l'œuvre d'assistance qu'elles accomplissaient autrefois.

Malgré cette constatation, nous n'en persistons pas moins à avoir foi dans les libres associations professionnelles pour faire pénétrer les institutions de prévoyance dans les masses ouvrières et agricoles; et à ceux dont la confiance en elles serait quelque peu ébranlée par l'insignifiance des résultats obtenus jusqu'à ce jour par nos syndicats professionnels ouvriers, surtout si on compare ces résultats aux services rendus dans cet ordre de choses aux artisans d'autrefois par les corporations et les confréries, nous répéterons, en nous l'appropriant, cette parole que Montalembert disait à la jeunesse de son temps : « Ne désespérez pas ! quoi qu'il arrive, ne désespérez pas : nous respectons le passé, nous rendons justice au présent et nous saluons l'avenir. »

Vu.

Le Président de la thèse.

Louis DIDIER.

Vu.

Le Doyen.

BAUDRY-LACANTINERIE.

Vu et permis d'imprimer.

Bordeaux, le 14 avril 1899.

Le Recteur de l'Académie,

Gaston BIZOS.

BIBLIOGRAPHIE

Anciens et nouveaux statuts de la ville et cité de Bordeaux. Bordeaux, 1701.

BLANC (Louis). — Histoire de la Révolution française.

BOECKH. — Économie politique des Athéniens. Paris, 1828, 2 vol.

BOISSIER. — La Religion romaine. Paris. 1874. 2 vol.

BOURGEOIS (A.). — Les Métiers de Blois. Blois, 1892.

CICÉRON. — De Officiis.

Comptes rendus des séances du Congrès de Lyon et d'Orléans

DAREMBERG et SAGLIO. — Dictionnaire des Antiquités grecques et romaines, v[is] ARTIFICES et ERANOS.

DELAMARE. — Traité de la police. 2e édit. Paris, 1722-38, 4 vol.

DEPPING. — Le Livre des Métiers d'Étienne Boileau. Paris, 1837.

DRIOUX (J.). — Étude économique et juridique sur les associations, les coalitions d'ouvriers et de patrons. Paris, 1884.

DURUY. — Histoire des Romains. Paris, 1870-85, t. V.

ESPINAS (A.). — Histoire des doctrines économiques.

EYMARD. — Les Syndicats agricoles. Leur œuvre professionnelle, économique et sociale. Thèse d'Aix, 1898.

FOUCART. — Des Associations religieuses chez les Grecs. Paris, 1873.

GLOTIN (H.). — Étude historique, juridique et économique sur les syndicats professionnels. Paris, 1892.

GRANIER DE CASSAGNAC. — Histoire des classes ouvrières et bourgeoises.

HAUTEFEUILLE. — Annuaire des Syndicats agricoles, 1897-1898.

HOWEL. — Le Passé et l'avenir des Trade Unions. Traduction et préface par Ch. Le Cour-Grandmaison. Paris, 1892.

HUBERT-VALLEROUX — Les Corporations de métiers et les syndicats professionnels. Paris, 1885.

LAURENT (Émile). — Le Paupérisme et les institutions de prévoyance. 2e édit. Paris, 1865, 2 vol.

LAVOLLÉE. — Les Classes ouvrières en Europe. Paris, 1882, 2 vol.

LEDRU et WORMS. — Commentaire de la loi sur les syndicats professionnels. Paris, 1885.

LEVASSEUR. — Histoire des classes ouvrières en France jusqu'à la Révolution. Paris, 1859, 2 vol.

— Histoire des classes ouvrières en France depuis 1789 jusqu'à nos jours. Paris, 1867, 2 vol.

MARTIN-SAINT-LÉON. — Histoire des Corporations de métiers. Paris, 1897.

MOMMSEN et KRUEGER. — Corpus juris civilis.

MOMMSEN. — De Collegiis et sodaliciis Romanorum.

MONNIER. — La Législation anglaise sur la réparation des accidents du travail. Thèse Paris, 1899.

MUSÉE SOCIAL. — Circulaires.

PARIS (comte DE). — Les Associations ouvrières en Angleterre. 7e édit. Paris, 1884.

PLUTARQUE. — Vie de Numa.

PROUDHON. — Contradictions économiques (Œuvres).

REINAUD (Émile). — Les Syndicats professionnels. Paris, 1886.

RENOUARD. — Traité des brevets d'invention. 3e édit. Paris, 1865.

ROCQUIGNY (comte DE). — L'Assurance mutuelle du bétail. Paris, 1898.

— Les Syndicats agricoles et le socialisme agraire. Paris, 1893.

RODOCANACHI. — Les Corporations ouvrières à Rome depuis la chute de l'empire romain. Paris, 1894, 2 vol.

ROUZIERS (DE). — Le Trade Unionisme en Angleterre. Paris, 1897, 1 vol.

SÉNÈQUE. — Ep. ad Lucilium.

THIÉRRY (Augustin). — Considérations sur l'histoire de France. Paris, 1867, 2 vol.

VARRON. — De Re rusticâ.

VIRGILE. — Énéide.

VIVIER. — L'Assurance contre le chômage involontaire. Thèse de Lyon, 1898.

WALTZING. — Étude historique sur les corporations ouvrières chez les Romains depuis les origines jusqu'à la chute de l'empire d'Occident. Louvain, 1895-99, 3 vol.

WEBB (Sidney). — Histoire du Trade Unionisme. Paris, 1897.

PÉRIODIQUES

Annuaire des Syndicats professionnels, publié par le Ministère du Commerce (année 1897).

Annuaire des Syndicats agricoles. Hautefeuille, 1897-1898.

Archives parlementaires. 1re partie, t. XXVII. Paris, 1887.

Bulletin de la Société des Agriculteurs de France, années 1888, 1889, 1890, 1893, 1894, 1896, 1897, 1898.

Bulletin de l'Office du Travail, années 1894-1898.

Journal des Débats, 1864.

Journal officiel, 26 février 1898. — *Documents parlementaires de la Chambre*, 1894 et 1897.

Économiste français, 1895.

Moniteur universel, 1868.

Réforme sociale, 1890-1898.

Revue archéologique, 1865, t. II.

Revue économique de Bordeaux. Bordeaux. 1898.

Revue des Institutions de prévoyance. Paris, 1887-1891.

TABLE DES MATIÈRES

TROISIÈME PARTIE

QUATRIÈME PARTIE

CINQUIÈME PARTIE

Bordeaux. — Imp. Nouvelle DEMACHY, PECH et Cie, 16, rue Cabirol.

THÈSE

POUR

LE DOCTORAT

www.ingramcontent.com/pod-product-compliance
Lightning Source LLC
Chambersburg PA
CBHW071651200326
41519CB00012BA/2474

* 9 7 8 2 0 1 3 7 3 7 9 8 2 *